# Lendo os Salmos

com

## Charles H. SPURGEON

Publicações
Pão Diário

# Lendo os Salmos

*com*

## Charles H. SPURGEON

*150 reflexões e desafios relevantes
a todo aquele que busca aproximar-se
do Senhor a cada dia*

*Lendo os Salmos com Charles H. Spurgeon*
por Charles Haddon Spurgeon
Trechos compilados por Dayse Fontoura
Copyright © 2020 Publicações Pão Diário
Todos os direitos reservados.

Coordenação editorial: Dayse Fontoura
Tradução: Cláudio F. Chagas
Revisão: Dalila de Assis, Lozane Winter, Dayse Fontoura
Projeto gráfico: Audrey Novac Ribeiro
Capa e diagramação: Audrey Novac Ribeiro

Dados Internacionais de Catalogação na Publicação (CIP)

> Spurgeon, Charles Haddon, 1834–92.
> *Lendo os Salmos com Charles H. Spurgeon*, Charles Haddon Spurgeon.
> Tradução: Cláudio F. Chagas – Curitiba/PR, Publicações Pão Diário.
> 1. Teologia prática    2. Meditações    3. Vida cristã

Proibida a reprodução total ou parcial, sem prévia autorização, por escrito, da editora.
Todos os direitos reservados e protegidos pela Lei 9.610, de 19/02/1998.
Permissão para reprodução: **permissao@paodiario.com**
Exceto quando indicado o contrário, os trechos bíblicos mencionados são da Nova
Versão Transformadora © 2016 Editora Mundo Cristão.

**Publicações Pão Diário**
Caixa Postal 4190,
82501-970 Curitiba/PR, Brasil
publicacoes@paodiario.org • www.publicacoespaodiario.com.br
Telefone: (41) 3257-4028

Código: HC848
ISBN: 978-1-64641-017-0

1.ª edição: 2020 • 5.ª impressão: 2023

*Impresso na China*

*Introdução*

O livro de Salmos acompanha o povo de Deus há milênios com palavras de conselho, encorajamento, consolo e advertência. Cada um dos *150* capítulos expressa com tocante franqueza o relacionamento entre o seu autor e Deus. Os conflitos de alma, os questionamentos, as batalhas contra os próprios pecados e os dos outros refletem bem a experiência humana.

Neste devocionário, selecionamos alguns versículos de todos os salmos e acrescentamos trechos dos sermões de Charles Haddon Spurgeon, um dos melhores pregadores de toda a história da Igreja Cristã. A sensibilidade deste grande homem de Deus à inspiração do Espírito Santo e suas experiências com Deus trazem reflexões e desafios relevantes a todo aquele que busca aproximar-se do Senhor a cada dia.

Separe um tempo do seu dia para aquietar seu coração e ouvir a voz de Deus enquanto medita nestas palavras! Desta fonte brotarão águas refrescantes que tornarão sua caminhada diária mais revigorante.

*Dos editores*

### Dia 1

## *Salmo 1*

Feliz é aquele que não segue o conselho dos perversos, não se detém no caminho dos pecadores, nem se junta à roda dos zombadores. Pelo contrário, tem prazer na lei do Senhor e nela medita dia e noite. Ele é como a árvore plantada à margem do rio, que dá seu fruto no tempo certo. Suas folhas nunca murcham, e ele prospera em tudo que faz. —*Salmo 1:1-3*

---

Cuide de ter algo digno para se deleitar! Eu não entendo como certas pessoas passam pelo mundo sem nunca demonstrar qualquer tipo de pura empolgação, mas que, ao invés disso, ficam se lastimando do primeiro dia de janeiro até o último de dezembro. Para elas, a vida deve ser uma realidade lamentável. Os olhos brilhantes e o rosto sorridente são o que Deus desejou que os homens tivessem, e elas não percebem toda a beleza da vida a menos que, às vezes, os possuam. Ora, mais do que todos os homens, o cristão deve ter o que o mundo chama de "férias e noites com fogueira" – seus dias de alegria, momentos de risadas santas, períodos de satisfação transbordante. Não! Eu penso que ele deve se esforçar para tê-los sempre, pois nos é ensinado: "Busque no Senhor a sua alegria, e ele lhe dará os desejos de seu coração".

---

Extraído do sermão *The truly blessed man* (O homem verdadeiramente abençoado), pregado no Metropolitan Tabernacle, Newington, em 13 de novembro de 1864.

## Minhas reflexões

## Dia 2

## *Salmo* 2

Por que as nações se enfurecem tanto? Por que perdem seu tempo com planos inúteis? Os reis da terra se preparam para a batalha; os governantes conspiram juntos, contra o Senhor e contra seu ungido. "Vamos quebrar estas correntes!", eles dizem. "Vamos nos libertar da escravidão!" Aquele que governa nos céus ri; o Senhor zomba deles. Então, em sua ira, ele os repreende e, com sua fúria, os aterroriza. Ele diz: "Estabeleci meu rei no trono em Sião, em meu santo monte". —*Salmo 2:1-6*

---

Perceba a sublimidade dessa calma divina. Enquanto os pagãos e seus príncipes estão conspirando e planejando quebrar as correntes de Deus e livrar-se do Seu domínio, Ele já derrotou seus artifícios e lhes diz: "Estabeleci meu rei no trono em Sião, em meu santo monte". "Vocês não querem que meu Filho reine sobre vocês; não obstante, Ele reina. Enquanto vocês estiveram enfurecidos, eu o coroei. A imaginação de vocês é realmente vã, porque eu os preveni e o estabeleci em Seu trono. Ouçam-no proclamar o meu decreto e afirmar a Sua soberania filial." Deus está sempre à frente dos Seus adversários – eles veem suas conspirações serem frustradas e suas artimanhas serem confundidas ainda antes de começarem a executar seus planos. Por decreto de Deus, o eternamente bendito Filho do Altíssimo é colocado no poder e exaltado ao Seu trono. Os governantes não podem arrebatar da Sua mão o cetro, nem arrancar da Sua cabeça a coroa – Jesus reina e deve reinar até que todos os inimigos sejam colocados sob os Seus pés. Deus o estabeleceu firmemente no santo monte de Sião, e as nações em fúria não são capazes de derrubá-lo.

---

Extraído do sermão *Christ's Universal Kingdom, and How It Comes* (O reino universal de Cristo e como ele vem), pregado no Metropolitan Tabernacle, Newington, em 25 de abril de 1880.

## Minhas reflexões

## Dia 3

## *Salmo* 3

Mas tu, Senhor, és um escudo ao meu redor; és minha glória e manténs minha cabeça erguida. Clamei ao Senhor, e ele me respondeu de seu santo monte. —*Salmo 3:3,4*

---

Em hebraico, a palavra significa algo maior do que um escudo: um broquel – um tipo de proteção acima, ao redor e abaixo – uma defesa por todos os lados. "Tu, Senhor, és um broquel ao meu redor. Eles não conseguem me ferir. Eles não conseguem me matar. Ainda estou guardado por Deus e, além do mais, tu és a minha glória. Ainda que a minha glória seja retirada, eu me glorio em ti! Por menos que eu tenha, eu tenho um Deus, um Deus em quem também me atrevo a gloriar-me, porque não existe outro Deus como Ele. Tu és quem ergue a minha cabeça." A minha cabeça ainda está acima da água. Eu ainda não afundo, e a minha cabeça se erguerá novamente. Embora eu agora a curve para baixo como um junco, algum dia louvarei a Deus. Eu sei que o farei, porque Ele é a saúde do meu semblante.

---

Extraído da exposição seguinte ao sermão *Daily Blessings for God's people* (Bênçãos diárias para o povo de Deus), pregado no Metropolitan Tabernacle, Newington, em 21 de setembro de 1871.

## Minhas reflexões

## Dia 4

# *Salmo* 4

...Que a luz do teu rosto brilhe sobre nós, Senhor! Tu me deste alegria maior que a daqueles que têm fartas colheitas de cereais e vinho novo. Em paz me deitarei e dormirei, pois somente tu, Senhor, me guardas em segurança. —*Salmo 4:6-8*

---

O sorriso de um amigo afeiçoado nos encorajará para o dever. O olhar de aprovação de um homem sábio nos dará coragem na provação. Porém, os olhares de Deus e os sorrisos de nosso Pai celestial são melhores do que os aplausos de uma plateia colossal ou os gritos de um império de admiradores! Dê-me o conforto de Deus, e eu conseguirei suportar bem os insultos dos homens. Se eu puder reclinar a cabeça no peito de Jesus, não temerei a distração de precauções e aflições. Se o meu Deus sempre me conceder a luz de Seu sorriso e Seu olhar de aprovação, isso será o suficiente para mim. Venham, inimigos, perseguidores, demônios, sim, o próprio *Apoliom*, pois "o Senhor Deus é nosso sol e nosso escudo". Reúnam-se, nuvens, e me cubram – eu carrego um sol em meu interior! Sopre, vento gelado do norte; eu tenho uma fogueira de carvão vivo dentro de mim! Sim, morte, mate-me, mas eu tenho outra vida – a vida na luz do semblante de Deus!

---

Extraído do sermão *The Search After Happiness* (A busca pela felicidade), pregado na Capela de New Park Street.

## Minhas reflexões

**Dia 5**

## Salmo 5

Atende a meu clamor por socorro, meu Rei e meu Deus, pois é somente a ti que oro. Escuta minha voz logo cedo, SENHOR; toda manhã te apresento meus pedidos e fico à espera. —*Salmo 5:2,3*

---

Ajuste a sua oração como o arqueiro coloca a flecha no arco. Olhe para o alto ao atirá-la e continue olhando para o alto e buscando uma resposta para a sua súplica. Você não pode esperar que Deus abra as janelas do Céu para derramar uma bênção sobre você se não abrir as janelas das suas expectativas para buscá-la! Se você olhar para o alto ao pedir, Deus responderá. É sempre bom mirar bem ao orar. Algumas orações são como tiros aleatórios, logo não se pode esperar que atinjam o alvo. Porém, a oração de Davi foi bem mirada, e ele esperou que ela prevalecesse com Deus – "toda manhã te apresento meus pedidos e fico à espera".

---

Extraído da exposição seguinte ao sermão *Christ's Glory Turned to Shame* (A glória de Cristo transformada em vergonha), pregado no Metropolitan Tabernacle, Newington, em 1 de outubro de 1865.

## Minhas reflexões

**Dia 6**

# Salmo 6

Tem compaixão de mim, Senhor, pois estou fraco; cura-me, Senhor, pois meus ossos agonizam. Meu coração está muito angustiado; Senhor, quando virás me restaurar? Volta-te, Senhor, e livra-me! Salva-me por causa do teu amor. —*Salmo 6:2-4*

---

Embora eu mereça destruição, que a Tua misericórdia se apiede da minha fragilidade. Essa é a maneira correta de suplicar a Deus se queremos prevalecer. Não argumente a sua bondade ou a sua grandeza, e sim declare o seu pecado e a sua pequenez. Clame: "Eu sou fraco; por isso, ó Senhor, dá-me força e não me esmagues. Não envies a fúria da Tua tempestade contra um vaso tão fraco. Tempera o vento para o cordeiro tosquiado. Sê terno e piedoso para com uma pobre flor murcha e não a separes do seu caule." Certamente, este é o apelo que um doente faria para comover seu companheiro a piedade caso estivesse lutando com ele: "Tem compaixão de mim, pois estou fraco". Uma percepção de pecado havia estragado de tal maneira o orgulho do salmista e tirado tanto a sua vangloriada força, que ele se percebeu fraco para obedecer à lei, fraco por meio da tristeza que havia nele, talvez fraco demais para se apossar da promessa. "Eu sou fraco." O original pode ser lido como "eu sou alguém que vacilo", murcho como uma planta danificada. Ah, amado, nós sabemos o que isso significa visto que também nós vimos a nossa glória manchada e a nossa beleza como uma flor desbotada.

---

Extraído de *Treasure of David* (O tesouro de Davi), Salmo 6.

# Minhas reflexões

## Dia 7

## Salmo 7

Se eles não se arrependerem, Deus afiará sua espada; armará seu arco para disparar, preparará suas armas mortais e acenderá suas flechas com fogo. Sim, o perverso gera o mal; concebe o sofrimento e dá à luz a mentira. Abre uma cova profunda, mas ele próprio cai em sua armadilha. Sua maldade se volta contra ele; sua violência lhe cai sobre a cabeça. Darei graças ao SENHOR porque ele é justo; cantarei louvores ao nome do SENHOR Altíssimo. —*Salmo 7:12-17*

---

Quantos dirão "Senhor, eu renunciarei a este pecado e ao outro, mas há certas concupiscências queridas que preciso reter e manter"? Ó senhores, em nome de Deus, deixem-me dizer-lhes que o verdadeiro arrependimento não é desistir de um pecado, nem de 50 pecados – é a renúncia solene de *todo* pecado! Se você abrigar uma dessas víboras malditas em seu coração, o seu arrependimento não passará de uma farsa! Se você se entregar a apenas uma concupiscência e renunciar a todas as outras, essa concupiscência – como um único vazamento em um navio – fará naufragar a sua alma! Pense que não é suficiente apenas abandonar os seus maus hábitos *exteriores*. Imagine que não basta eliminar os pecados mais corruptos da sua vida – o que Deus exige é tudo ou nada! "Arrepende-te", diz Deus, e, ao pedir que você se arrependa, Ele quer dizer arrepender-se de *todos* os seus pecados; caso contrário, Ele jamais poderá aceitar o seu arrependimento como verdadeiro e genuíno. O verdadeiro penitente odeia o pecado na raça, não no indivíduo – no coletivo, não no particular.

---

Extraído do sermão *Turn or Burn* (Volte atrás ou seja queimado), pregado no Music Hall, Royal Surrey Gardens, em 7 de dezembro de 1856.

*Minhas reflexões*

**Dia 8**

# *Salmo* 8

Ó Senhor, nosso Senhor, teu nome majestoso enche a terra; tua glória é mais alta que os céus! Tu ensinaste crianças e bebês a anunciarem tua força; assim calaste teus inimigos e todos que a ti se opõem. —*Salmo 8:1,2*

---

Como essas armas surpreendentes são usadas? Essas armas estranhamente tenras, mas afiadas; fracas, mas poderosas – como são usadas? Elas ferem o inimigo pela *oração*. As crianças oram enquanto são crianças e, bendito seja Deus, pois os pequenos pedidos delas são ouvidos no Céu. Gosto de me lembrar das palavras de Lutero quando as coisas estavam indo muito mal. Ao entrar em um aposento e encontrar várias crianças em oração, ele exclamou: "Está tudo bem, porque as crianças estão orando por nós; certamente, Deus as ouvirá". E Ele ouvirá, irmãos. Ele não deixará os clamores de Samuéis e Timóteos permanecerem sem respostas. Assim, pelo lado do Céu, as orações proferidas por bocas de crianças trarão prosperidade à grande causa. Quando essas crianças crescerem, será por sua boca que elas bombardearão e arrancarão o poder do inimigo por meio das muralhas da oração e, assim, derrubam o mal e o erro, e a Palavra de Deus será triunfante. Ó bendito poder da oração, nada pode resistir a você! O homem, a criança, o bebê que só souber orar certamente prevalecerá com Deus e "calará o inimigo e o opositor". – "A oração é a forma mais simples de falar que os lábios do bebê podem tentar"; ainda assim, é uma das formas mais eficazes de ataque contra os poderes das trevas.

---

Extraído do sermão *God Glorified by Children's Mouth* (Deus glorificado pela boca de crianças), pregado no Metropolitan Tabernacle, Newington, em 27 de junho de 1880.

## Minhas reflexões

# Dia 9

## Salmo 9

Os perversos descerão à sepultura; esse é o destino de todas as nações que se esquecem de Deus. O necessitado, porém, não será esquecido para sempre; a esperança dos pobres nunca mais será frustrada. Levanta-te, SENHOR! Não permitas que simples mortais te desafiem! Julga as nações! —*Salmo 9:17-19*

---

Você não será esquecido no propiciatório. Você já esteve ali muitas vezes sem receber resposta para as suas petições. Talvez, pobre coração pesaroso, você já tenha orado sete vezes e ainda não tenha recebido resposta. Possivelmente, se dirigiu ao seu Deus com tanta frequência quanto a pobre viúva foi ao juiz injusto, e você foi tão importunamente quanto ela; porém, até agora, não houve o doce alívio como a sua alma ansiava. Contudo, você não será esquecido para sempre; então, continue em oração. Se a promessa tardar, espere, porque, no devido tempo, certamente a resposta virá.

---

Extraído do sermão *Good Cheer for the Needy* (Bom ânimo aos necessitados), pregado no Metropolitan Tabernacle, Newington, em 16 de março de 1876.

## Minhas reflexões

**Dia 10**

# Salmo 10

O Senhor é rei para todo o sempre! As nações desaparecerão de sua terra. Tu, Senhor, conheces o desejo dos humildes; ouvirás seu clamor e os confortarás. Farás justiça ao órfão e ao oprimido, para que nenhum simples mortal volte a lhes causar terror. —*Salmo 10:16-18*

---

Um desejo pode ser totalmente desacompanhado de expressão verbal. O suplicante pode não ser capaz de expressar seu desejo em palavras. Ele pode estar muito triste, sua emoção pode sufocar sua fala, pode ficar demasiadamente quieto e, portanto, pouco hábil no uso da fala. Ele pode ser capaz de apenas derramar gemidos, que não podem ser entendidos, e lágrimas cuja eloquência é silenciosa; contudo, Deus se agrada de ouvir o desejo não verbalizado. Muitas orações são proferidas de maneira muito bonita; de fato, são expressadas com tanta grandeza que seus adornos de mau gosto não serão tolerados no Céu. Essas orações com intuito de receber aplausos dos homens nunca entrarão pelo portão do Céu. Deus dirá: "Elas foram feitas para homens; que os homens as recebam". [...] Pode haver mais oração no silente do que no fluente. Deus ouviu orações que ninguém mais poderia ter ouvido, porque não havia nelas som vocal. O ouvido de Deus é tão rápido que Ele ouve aquilo que não é propriamente o que foi dito: a verdadeira oração que permanece no silêncio não encontrará um Deus silencioso.

---

Extraído do sermão *Thought-Reading Extraordinary* (A extraordinária leitura de pensamento), pregado no Metropolitan Tabernacle, Newington, em 5 de outrubro de 1884.

## Minhas reflexões

## Dia 11

## *Salmo* 11

O Senhor, porém, está em seu santo templo; o Senhor governa dos céus. O Senhor põe à prova tanto o justo como o perverso; ele odeia quem ama a violência. Pois o Senhor é justo e ama a justiça; os íntegros verão sua face. —*Salmo 11:4,5,7*

---

Não apenas é a Sua ocupação defendê-lo, mas a Sua natureza é amá-lo. Ele negaria a si mesmo se não defendesse os justos. Ser justo é essencial à própria essência de Deus; então, não tema o fim de todas as suas provações, mas "seja justo e não tema"; Deus aprova e, se os homens se opõem, que importa? "Os íntegros verão sua face." Nós nunca precisamos ficar sem aprovação, porque Deus nos aprova. Ele observa, aprova e se agrada dos que são retos. Deus vê neles a Sua própria imagem, uma imagem criada por Ele mesmo e, portanto, os considera com complacência. Ousaremos estender a mão à iniquidade para escapar da aflição? Acabemos com os desvios e sigamos o caminho justo da retidão, ao longo do qual o sorriso de Jeová nos iluminará.

---

Extraído de *Treasure of David* (O tesouro de Davi), Salmo 11.

## Minhas reflexões

# Dia 12

## Salmo 12

As promessas do SENHOR são puras como prata refinada no forno, purificada sete vezes. Portanto, SENHOR, sabemos que protegerás os oprimidos e para sempre os guardarás desta geração mentirosa, ainda que os perversos andem confiantes, e a maldade seja elogiada em toda a terra. —*Salmo 12:6,7*

---

O salmista se queixa que "os fiéis estão desaparecendo depressa! Os que te temem sumiram da terra!". Isso foi, para ele, uma grande dor e ele só encontrou consolo nas palavras do Senhor. E, se os homens falharem, a Palavra do Senhor permanece! Que conforto é trocar a arena da controvérsia pelos verdes pastos da revelação! Alguém se sente como Noé fechado dentro da arca – ele não via mais a morte e desolação que reinavam do lado de fora. Viva em comunhão com a Palavra de Deus e, mesmo na ausência de amigos cristãos, não lhe faltará companhia. Além disso, o versículo contrasta ainda mais plenamente com as palavras dos ímpios quando se rebelam contra Deus e oprimem o Seu povo. Eles disseram: "Mentiremos quanto quisermos. Os lábios são nossos; quem nos impedirá?". Eles se gabaram, dominaram e ameaçaram. O salmista se afastou da voz do fanfarrão e foi buscar as palavras do Senhor. Ele viu a promessa, o preceito e a doutrina da verdade pura, e estes o consolaram enquanto todos os outros falavam de coisas vãs com seus próximos. Ele não tinha tantas palavras do Senhor quanto nós – mas aquilo de que se apossara por meditação ele valorizava mais do que o ouro mais fino.

---

Extraído do sermão *The Bible Tried and Proved* (A Bíblia provada e aprovada), pregado no Metropolitan Tabernacle, Newington, em 5 de maio de 1889.

## Minhas reflexões

## Dia 13

# Salmo 13

Eu, porém, confio em teu amor; por teu livramento me alegrarei. Cantarei ao SENHOR, porque ele é bom para mim. —*Salmo 13:5,6*

---

Agora, Davi diz: "Cantarei ao Senhor, porque, após pesar e julgar o assunto minuciosamente, posso testificar que Ele me tratou com generosidade. Eu pensava que Ele havia me esquecido, mas Ele me tratou com generosidade. Eu pensava que Ele havia escondido a Sua face de mim, mas Ele me tratou com generosidade. Eu disse em meu coração que Ele me trata com muita aspereza, mas retiro todas as palavras desse tipo, Senhor! Engulo as minhas próprias palavras com ervas amargas e me arrependo de tê-las usado! Tu me trataste com generosidade." "Volte, minha alma, a descansar, pois o Senhor lhe tem sido bom." Esse pobre homem que pensou haver sido esquecido olha, agora, para o alimento que Deus colocou sobre a sua mesa e descobre que tem a porção de Benjamim; muito mais do que foi dado aos seus outros irmãos; e, agora, seu veredicto referente ao tratamento do Senhor para com ele é totalmente mudado.

---

Extraído do sermão *Howling Changed to Singing* (Lamento transformado em Cântico), pregado no Metropolitan Tabernacle, Newington, em 28 de abril de 1889.

*Minhas reflexões*

## Dia 14

## Salmo 14

Os tolos dizem em seu coração: "Não há Deus". São corruptos e praticam o mal; nenhum deles faz o bem. O Senhor olha dos céus para toda a humanidade, para ver se alguém é sábio, se alguém busca a Deus. Todos, porém, se desviaram; todos se corromperam. Ninguém faz o bem, nem um sequer! —*Salmo 14:1-3*

---

Pode um homem professar crer com sua boca e, contudo, no coração afirmar o contrário? Ele dificilmente se tornará audacioso o suficiente para pronunciar sua loucura com a língua? O Senhor considerou os seus pensamentos como palavras dirigidas a Ele, e não ao homem? É aqui que o homem se torna incrédulo? Em seu coração, não em sua mente? E, quando ele fala de maneira ateísta, é um coração tolo falando e tentando abafar a voz da consciência? Creio que sim. Se os afetos fossem pela verdade e retidão, o entendimento não teria dificuldade em resolver a questão da Deidade pessoal e presente. Porém, devido ao coração não gostar do que é bom e reto, não é de admirar que ele deseje livrar-se desse *Elohim*, o grande Governador moral, o Patrono da retidão e o Punidor da iniquidade. Enquanto o coração dos homens permanecer como é, não devemos nos surpreender com a prevalência do ceticismo; a árvore ruim produz frutos ruins.

---

Extraído de *Treasure of David* (O tesouro de Davi), Salmo 14.

## Minhas reflexões

## Dia 15

## Salmo 15

Senhor, quem pode ter acesso a teu santuário? Quem pode permanecer em teu santo monte? Quem leva uma vida íntegra e pratica a justiça; quem, de coração, fala a verdade. Quem não difama os outros, não prejudica o próximo, nem fala mal dos amigos. Quem despreza os que têm conduta reprovável, e honra os que temem o Senhor, e cumpre suas promessas mesmo quando é prejudicado. Quem empresta dinheiro sem visar lucro e não aceita suborno para mentir sobre o inocente. Quem age assim jamais será abalado. —*Salmo 15*

---

Nós precisamos ser tão honestos em prestar respeito quanto em pagar as nossas contas. Honrar a quem é devida a honra. Nós temos uma dívida de honra para com todos os homens bons, e não temos o direito de entregar o que lhes é devido a pessoas vis que estejam em posições elevadas. Quando homens maus estão no poder, é nosso dever respeitar o cargo, mas não podemos violar a nossa consciência a ponto de não desprezar os homens; e, por outro lado, quando verdadeiros santos estão passando por pobreza e aflição, precisamos nos condoer das suas aflições e honrar os homens. Podemos honrar o armário mais rústico por causa das joias, mas não devemos valorizar falsas pedras preciosas em virtude do seu engaste.

---

Extraído de *Treasure of David* (O tesouro de Davi), Salmo 15.

## Minhas reflexões

## Dia 16

# *Salmo* 16

Somente tu, Senhor, és minha herança, meu cálice de bênçãos; tu guardas tudo que possuo. A terra que me deste é agradável; que herança maravilhosa! Louvarei o Senhor, que me guia; mesmo à noite meu coração me ensina. Sei que o Senhor está sempre comigo; não serei abalado, pois ele está à minha direita. —*Salmo 16:5-8*

---

Recuse-se a ver qualquer coisa sem ver Deus nela. Considere as criaturas como o reflexo do grande Criador. Não imagine ter entendido Suas obras enquanto não sentir a presença do próprio Grande Realizador. Não considere conhecer alguma coisa antes de conhecer o que há de Deus nela, pois isso é a essência que ela contém. Acorde de manhã e reconheça Deus em seu quarto, porque a Sua bondade recolheu a cortina da noite e tirou das suas pálpebras o selo do sono. Vista-se e perceba o cuidado divino que lhe proporciona vestimentas feitas com plantas do campo e ovelhas do rebanho. Vá até a sala do desjejum e bendiga o Deus cuja magnanimidade lhe providenciou, novamente, uma mesa no deserto. Saia para trabalhar e sinta Deus com você em todos os compromissos do dia. Lembre-se sempre disso quando estiver habitando na casa do Senhor, labutando por seu pão ou envolvido com negócios. Por fim, após um dia bem transcorrido, volte para a sua família e veja o Senhor em cada um de seus amados! Reconheça a Sua bondade em preservar a vida e a saúde. Procure por Sua presença no altar da família, transformando a casa em um palácio onde moram os filhos do Rei. Finalmente, adormeça à noite, como que abraçado pelo seu Deus ou no peito do seu Salvador. Isso é viver feliz!

---

Extraído do sermão *The Secret of a Happy Life* (O segredo da vida feliz), pregado no Metropolitan Tabernacle, Newington, em 16 de julho de 1876.

# Minhas reflexões

## Dia 17

## *Salmo* 17

Meus passos permaneceram em teu caminho, meus pés não se desviaram dele. Clamo a ti, ó Deus, pois sei que responderás; inclina-te e ouve minha oração. Mostra-me as maravilhas do teu amor; com teu poder, tu livras os que buscam em ti refúgio dos inimigos. —*Salmo 17:5-7*

---

Bem, agora, se você transpuser todos os seus problemas, isso será para você uma maravilhosa benignidade, não será? Então, busque a Deus orando: "Mostra-me as maravilhas do teu amor", e Ele o fará. Ele o conduzirá para além, para fora e através da questão – talvez não da maneira como você gostaria, mas Ele o livrará da melhor maneira. "Confie no Senhor e faça o bem, e você viverá seguro na terra e prosperará. Busque no Senhor a sua alegria, e ele lhe dará os desejos de seu coração. Entregue seu caminho ao Senhor; confie nele, e ele o ajudará." Sempre espere o inesperado quando estiver em comunhão com Deus. Procure ver, em Deus e vindo de Deus, o que você nunca experimentou antes, porque exatamente o que parecerá absolutamente impossível de acreditar será o que mais provavelmente acontecerá quando você estiver se relacionando com Aquele cujo braço é onipotente e cujo coração é fiel e verdadeiro. Deus lhe conceda graça, meu caro amigo, para usar assim a oração de nosso texto como meio de livrá-lo de enormes problemas!

---

Extraído do sermão *Marvelous Lovingkindness* (As maravilhas do teu amor), pregado no Metropolitan Tabernacle, Newington, em 20 de outubro de 1881.

*Minhas reflexões*

## Dia 18

## Salmo 18

Ele me levou a um lugar seguro e me livrou porque se agrada de mim. O S<small>ENHOR</small> me recompensou por minha justiça; por causa de minha inocência, me restaurou. Pois guardei os caminhos do S<small>ENHOR</small>; não me afastei de meu Deus para seguir o mal. Cumpri todos os seus estatutos e nunca abandonei seus decretos. —*Salmo 18:19-22*

---

Nós não temos como entender a razão de Deus se agradar. Isso está oculto no eterno coração de Deus. Tudo o que sabemos é que Ele se agrada de nós porque somos os objetos de Sua escolha. Dentre as densas massas da humanidade, Ele nos escolheu. Em infinita soberania, Ele disse: "Eles serão meu povo. No dia em que eu agir, eles serão meu tesouro especial". Ele nos destinou a sermos vasos de honra adequados para uso do Senhor e nos predestinou a sermos conformes à imagem de Seu Filho. Além disso, Ele se agrada de nós porque, além de nos haver escolhido, nos comprou. Cristo pagou muito caro por Seu povo; é impossível que não o ame. Ao olhar para o rosto do pecador penitente, Ele vê o reflexo de Suas próprias lágrimas e Seu definhamento, sim, e de Seu suor com sangue! Cristo vê as Suas próprias feridas e se lembra do preço que elas custaram – e da aquisição pela qual Ele pagou.

---

Extraído do sermão *Blessing Manifold and Marvelous* (Bênção multiforme e maravilhosa), pregado no Metropolitan Tabernacle, Newington.

*Minhas reflexões*

**Dia 19**

# Salmo 19

Quem é capaz de distinguir os próprios erros? Absolve-me das faltas que me são ocultas. Livra teu servo dos pecados intencionais! Não permitas que me controlem. Então serei inculpável e inocente de grande pecado. —*Salmo 19:12,13*

---

Há, porém, outros homens que pecam deliberadamente. Há alguns que conseguem pensar em uma concupiscência durante semanas e sentir grande prazer em seu querido crime. Eles regam, por assim dizer, os brotinhos da concupiscência até estes crescerem e atingirem a maturidade do desejo – e, então, vão e cometem o crime! Há alguns para quem a concupiscência não é um transeunte, e sim um hóspede em casa. Eles a recebem, abrigam-na, banqueteiam-se com ela e, quando pecam, pecam deliberadamente – caminham friamente até as suas concupiscências e, a sangue frio, cometem o ato que outro poderia cometer por acaso em impetuosa e furiosa precipitação. Ora, esse pecado possui uma grande quantidade de pecaminosidade – é um pecado de alta presunção! Ser arrebatado como que por um turbilhão de paixão em um momento é errado, mas sentar-se e decidir, deliberadamente, cometer vingança é maldito e diabólico. Sentar-se e criar deliberadamente esquemas de perversidade é hediondo e eu não consigo encontrar outra palavra para expressar isso adequadamente. Deliberar cuidadosamente como o crime será cometido e, à semelhança de Hamã, construir a forca e pôr mãos à obra para destruir o próximo – cavar a cova a fim de que o amigo caia nela e seja destruído, colocar armadilhas em segredo, conspirar perversidade sobre o leito de alguém – é um alto grau de ousado pecado. Que Deus perdoe qualquer um de nós se formos culpados até agora!

---

Extraído do sermão *Presumptuous Sins* (Pecados Intencionais), pregado no Music Hall, Royal Surrey Gardens em 7 de junho de 1857.

*Minhas reflexões*

**Dia 20**

# Salmo 20

Que o Senhor responda ao seu clamor em tempos de sofrimento; o nome do Deus de Jacó o guarde de todo mal. Que, de seu santuário, ele lhe envie socorro e, de Sião, o fortaleça. —*Salmo 20:1,2*

---

"Deus de Jacó" é sugestivo. Jacó teve seu dia de aflição, lutou, foi ouvido, foi defendido e, no devido tempo, foi enaltecido; seu Deus ainda é o nosso Deus, o mesmo Deus para todos os seus Jacós lutadores. O versículo inteiro é uma bênção muito apropriada a ser pronunciada por um coração gracioso sobre uma criança, um amigo ou um ministro, em perspectiva de provação; ela inclui proteção temporal e espiritual e direciona a mente para a grande Fonte de todo bem. Quão prazeroso é crer que o nosso Pai celestial a pronunciou sobre as nossas favorecidas cabeças!

---

Extraído de *Treasure of David* (O tesouro de Davi), Salmo 20.

*Minhas reflexões*

## Dia 21

## Salmo 21

A ele deste bênçãos eternas e a alegria de tua presença. Pois o rei confia no Senhor; o amor do Altíssimo não permitirá que ele se abale. Levanta-te, ó Senhor, em teu poder! Com música e cânticos celebraremos tua força. —*Salmo 21:6,7,13*

---

Nós fomos adotados na família de Deus. Obtivemos a reconciliação através do sangue precioso de Cristo e desfrutamos o perdão de pecados segundo as riquezas de Sua graça; não deveríamos nos alegrar? Querido coração, não há inimizade entre você e Deus. A paz foi estabelecida por meio de Jesus Cristo. A paz de Deus, que excede todo entendimento, guardará seu coração e mente por meio de Cristo Jesus. Se você não tem o direito de ser feliz, quem o tem? Em um governo bem ordenado, quem é amigo de seu príncipe tem o direito de se alegrar em suas cortes; no governo de Deus, parece simplesmente certo e natural que quem é criado para estar em paz com Deus deve estar entre os mais felizes cortesãos do Céu. É adequado nos alegrarmos e nos contentarmos. Tiremos proveito desse direito, e que o Espírito de alegria nos alegre nesse bom momento!

---

Extraído do sermão *Exceeding Gladness* (Alegrias eternas), pregado no Metropolitan Tabernacle, Newington, em 21 de dezembro de 1884.

## Minhas reflexões

## Dia 22

## Salmo 22

Os que me veem zombam de mim; riem com maldade e balançam a cabeça: "Esse é o que confia no SENHOR? Que ele o livre! Que o liberte, se dele se agrada!". Tu, porém, me tiraste a salvo do ventre de minha mãe e me deste segurança quando ela ainda me amamentava. Fui colocado em teus braços assim que nasci; desde o ventre de minha mãe, tens sido meu Deus. —*Salmo 22:7-10*

---

Precisamos que toda a vida esteja dentro das fronteiras do cuidado divino. O vínculo perfeito do amor divino precisa amarrar todo o conjunto dos nossos assuntos; caso contrário, o todo escapará. A fé é uma coisa para o armário, a sala de estar, o escritório e a fazenda. Ela é uma luz para os dias sombrios e uma sombra para os dias luminosos; você pode levá-la consigo a todos os lugares, e em todos os lugares ela lhe será de ajuda. Ó, nós confiamos tanto no Senhor que as pessoas o percebem tanto quanto percebem nosso temperamento, nosso vestuário ou nosso tom. O lamentável é que, com muita frequência, seguimos em frente desordenadamente, seguindo a própria sabedoria, ao passo que deveríamos dizer: "Não, eu preciso esperar um pouco até pedir conselho ao Senhor". Deveria ser visto e sabido que nós estamos nitidamente esperando em Deus por orientação. Que agitação isso causaria em alguns lugares!

---

Extraído do sermão *Faith Among Mockers* (Fé entre zombadores), pregado no Metropolitan Tabernacle, Newington.

## Minhas reflexões

**Dia 23**

# Salmo 23

O Senhor é meu pastor, e nada me faltará. —*Salmo 23:1*

Assim como um pastor tem obrigações relacionadas com seu ofício, as ovelhas também as têm. A primeira obrigação de uma ovelha – o que naturalmente cabe a uma ovelha – é confiar no pastor. Quando eu ouvia pessoas falarem de ovelhas tolas, frequentemente me perguntava se, caso as ovelhas pudessem falar, deixariam de falar de homens mais tolos, porque, de todas as coisas tolas que uma ovelha nunca fez, certamente essa é uma delas – quando estava no prado, comendo a grama, ela nunca parou de repente e disse a si mesma: "Não sei o que será de mim no inverno! Haverá muita neve no chão e não conseguirei chegar até a grama. Realmente não consigo ver de onde virá a minha provisão!". Eu nunca ouvi falar, nem mesmo em uma fábula, de uma cabeça lanosa de ovelha ficar perturbada dessa maneira – ela tem um pastor para providenciar isso e depende dele para prover todas as suas necessidades! Contudo, meus caros amigos, às vezes, vocês e eu cometemos essa bobagem que uma ovelha não faria! Dizemos: "Não conseguimos imaginar o que faremos se, algum dia, nos virmos em tais e tais circunstâncias!". Provavelmente, nunca estaremos em tais circunstâncias, mas continuamos supondo o que faríamos se aquela fosse a nossa sina! Algumas pessoas têm, em sua casa, uma pequena fábrica de problemas. Quando Deus não lhes envia problema algum, elas criam alguns para si mesmas! E ouvi dizer que os problemas criados em casa são iguais a roupas feitas em casa – nunca servem adequadamente e sempre duram mais do que as outras! Certamente, o problema que eu crio para mim mesmo será muito maior do que qualquer outro que Deus me envie! Você sorriu com o que eu disse agora, mas é um fato que muitos cristãos que poderiam ser felizes e deveriam cantar o dia todo começam a prever a angústia de amanhã e, como Deus não lhes dará a força de amanhã até o amanhã chegar, eles consideram que o seu fardo imaginário é pesado demais para suas costas suportarem!

---

Extraído do sermão *The Lord is my Shepherd* (O Senhor é meu Pastor), pregado na Baptist Chapel, Bromley, Kent, em 16 de outubro de 1866.

*Minhas reflexões*

**Dia 24**

## Salmo 24

A terra e tudo que nela há são do SENHOR; o mundo e todos os seus habitantes lhe pertencem. Pois sobre os mares ele edificou os alicerces da terra e sobre as profundezas do oceano a estabeleceu. —*Salmo 24:1,2*

---

O termo "mundo" indica as regiões habitáveis, nas quais Jeová deve ser especialmente reconhecido como Soberano. Aquele que governa os peixes do mar e as aves do ar não deve ser desobedecido pelo homem, a sua mais nobre criatura. Jeová é o Rei universal: todas as nações estão sob o Seu domínio; verdadeiro Autocrata de todas as nações. Imperadores e czares não passam de Seus escravos. Os homens não pertencem a si mesmos, nem podem chamar de próprios seus lábios, seu coração ou sua essência; eles são servos legítimos de Jeová. Essa afirmação se aplica especialmente a nós, que nascemos do Céu. Não pertencemos ao mundo, nem a Satanás; por criação e redenção, somos a porção peculiar do Senhor.

---

Extraído de *Treasure of David* (O tesouro de Davi), Salmo 24.

## Minhas reflexões

**Dia 25**

## *Salmo* 25

Volta-te para mim e tem misericórdia, pois estou sozinho e aflito. Meus problemas só aumentam; livra-me de toda a minha angústia! Atenta para minha dor e para meu sofrimento; perdoa todos os meus pecados. —*Salmo 25:16-18*

---

Que grande bênção é, para nós, quando as nossas tristezas nos lembram dos nossos pecados, afastando-nos da atmosfera do mundanismo! O nosso ninho é muito bonito, redondo e confortável; estivemos muito ocupados colhendo todas as penas mais fofas que pudemos encontrar e todos os pedaços mais bonitos de musgo que a terra poderia produzir, e estivemos engajados noite e dia em tornar esse ninho macio e aconchegante. Ali pretendíamos permanecer. Pretendíamos ter para nós mesmos uma longa satisfação, abrigados contra ventos inclementes, nunca colocando nossos pés nas gotas de orvalho frias ou desgastando nossas penas subindo para dentro das nuvens. Porém, de repente, um espinho entrou em nosso peito; tentamos removê-lo, mas, quanto mais lutávamos, mais o espinho irritava e mais profundamente se fixava em nós. Então, apenas começamos a abrir as asas e, quando subimos, parecia que a atmosfera havia mudado e nossa alma também havia mudado ao subir, e começamos a cantar a antiga e esquecida canção – que no ninho nunca cantamos –, o cântico daqueles que sobem da Terra e têm comunhão com os Céus. Sim, quando Deus se agrada em tirar nossa saúde, nosso conforto, nossos filhos, nossos amigos, frequentemente acontece de, então, pensarmos nele. Afastamo-nos da criatura com nojo; saímos das cisternas quebradas porque não têm água e começamos a buscar a fonte transbordante; e, assim, levando-nos a Deus, as nossas tristezas nos fazem, à luz do Seu semblante, contemplar e lamentar os nossos pecados. Isso é uma grande bênção para nós.

---

Extraído do sermão *A Troubled Prayer* (Uma oração atribulada), pregado no Metropolitan Tabernacle.

*Minhas reflexões*

# Dia 26

## Salmo 26

Declara-me inocente, Senhor, pois tenho vivido com integridade; tenho confiado no Senhor sem vacilar. Põe-me à prova, Senhor, e examina-me; investiga meu coração e minha mente. Pois estou sempre consciente do teu amor e tenho vivido de acordo com a tua verdade. —*Salmo 26:1-3*

---

Estar sempre consciente do Seu amor não é escolher um tema restrito que podemos esgotar rapidamente. Ele é um tema ilimitado. O amor do Senhor não tem início. Você poderá retroceder às eras passadas em profunda e longa meditação – o amor divino não terá fim! Você poderá buscar nas eras ainda vindouras com alegres reflexões; o amor é alto como o Céu, ao qual ele o elevará! É profundo como o inferno, do qual o redimiu; é amplo como o leste dista do oeste, porque assim removeu de você todas as suas transgressões. Eis um tema sobre o qual você poderá discorrer sem limite ou medo de repetição. Se até agora você se banhou nesse afluente de água até os tornozelos, avance ainda mais em meditação, porque encontrará um rio onde nadar – um rio muito largo, que não pode ser atravessado. A amplidão do assunto é algo que me leva a recomendá-lo a você como um tema para o intelecto mais expandido no tempo e na eternidade.

---

Extraído do sermão *Think Well and Do Well* (Medite no melhor e aja melhor), pregado Metropolitan Tabernacle, Newington, em 23 de outubro de 1870.

## Minhas reflexões

**Dia 27**

## *Salmo* 27

Ouve minha oração, ó Senhor; tem compaixão e responde-me!
Meu coração ouviu tua voz dizer: "Venha e entre na
minha presença", e meu coração respondeu: "Senhor, eu
irei!". —*Salmo 27:7,8*

---

Esta é a marca distintiva do verdadeiro servo: ao conhecer a vontade do seu Senhor, ele se entrega a ela de imediato. Assim como disse o centurião – "Só preciso dizer 'Vão', e eles vão, ou 'Venham', e eles vêm. E, se digo a meus escravos: 'Façam isto', eles o fazem" –, também ocorrerá conosco. Deve haver uma resposta imediata à vontade divina. Você sempre pensa assim? Deus não tem de falar muitas vezes a alguns de nós, colocar em nossa boca um freio muito afiado e cortante e puxar as rédeas durante um longo tempo? Sim, e chicotear também, antes de conseguir nos tornar como deveríamos ser? "Não sejam como o cavalo ou a mula, que não têm entendimento e precisam de freios e rédeas para ser controlados", mas, sim, busquem, meus irmãos – é a isso que estou orientando –, busquem cultivar um espírito de pronta obediência à vontade do Senhor. Sigam o conselho dado por Maria aos empregados no banquete de Caná: "Façam tudo que ele mandar". Seja qual for a palavra de Deus, sigam-na imediatamente na força do Senhor – e sem demora.

---

Extraído do sermão *The Echo* (O Eco), pregado na Surrey Chapel, Blackfriar's road.

*Minhas reflexões*

**Dia 28**

# Salmo 28

A ti eu clamo, ó SENHOR, minha rocha; não feches teus ouvidos para mim. Pois, se permaneceres calado, será melhor que eu desista e morra. Não me arrastes com os perversos, com os que praticam o mal, que dirigem palavras amigáveis ao próximo, enquanto tramam maldades no coração. —*Salmo 28:1,3*

---

Sabemos que, às vezes, a voz de um capitão vence uma batalha quando as fileiras começam a vacilar, quando os lanceiros do inimigo estão avançando. Aí vem ele – o galante capitão, sempre o primeiro em cada carga. "É ele! É ele!" – dizem eles, e ele vai à frente e grita: "Vocês fugirão diante deles? Farão papel de covardes? Porta-estandarte, desfralde a bandeira e avance!". E perante àquela palavra, tão repleta de fogo, força e energia, o inimigo é obrigado a recuar, e eles avançam, e a vitória é conquistada! Meu Deus, deixa-me ouvir no íntimo da minha alma a Tua voz semelhante àquela. Quando eu começar a correr diante dos meus inimigos espirituais, quando a associação a eles quase me houver derrubado, que eu ouça a voz daquele que suportou tanta contradição dos pecadores contra si mesmo – e a voz do meu líder, ao me chamar, reanimará o meu espírito para que eu possa vencer o dia!

---

Extraído do sermão *Safe, Though Sin-Surrounded* (Salvo, mas cercado de pecado), pregado no Metropolitan Tabernacle, Newington, em 8 de agosto de 1869.

## Minhas reflexões

**Dia 29**

# Salmo 29

A voz do Senhor é poderosa, a voz do Senhor é majestosa. A voz do Senhor quebra os grandes cedros, o Senhor despedaça os cedros do Líbano. A voz do Senhor risca o céu com relâmpagos. —*Salmo 29: 4,5,7*

---

Às vezes, é uma suave voz de instrução, ensinando-nos o que Ele gostaria que aprendêssemos. E então, quão plena de majestade ela é! Ele explica, expõe, declara. Diz-nos em que devemos crer – e, então, que majestade há na Sua voz! Os homens podem explicar a Palavra de Deus e não ter majestade no que dizem. Porém, quando Deus ensina que o Seu povo deve considerar a verdade, quanta majestade há nisso! Tanta majestade que, se alguém tirar alguma das palavras escritas em Seu livro, Deus tirará o seu nome do Livro da Vida e da cidade santa. Tanta majestade que procurar reparar a Bíblia é prova de um coração blasfemo; que procurar alterar uma palavra das Escrituras é uma prova de alienação do Deus de Israel! Em outro momento, Deus usa uma outra voz – uma voz doce e consoladora. E, ó, vocês, entristecidos que já ouviram a voz confortadora de Deus – ela não é repleta de majestade? Nada há nela da mera frivolidade que, por vezes, empregamos para confortar as pobres almas enfermas. As mães costumam falar em tom gentil a quem sofre – mas, de alguma forma, parece artificial e, portanto, não está repleto de majestade. Porém, quando Deus fala para consolar, usa Suas majestosas palavras.

---

Extraído do sermão *The Majestic Voice* (A voz majestosa), pregado na New Park Street Chapel em 22 de junho de 1856.

*Minhas reflexões*

**Dia 30**

# Salmo 30

Ouve-me, Senhor, e tem misericórdia de mim; ajuda-me, Senhor! Transformaste meu pranto em dança; tiraste minhas roupas de luto e me vestiste de alegria, para que eu cante louvores a ti e não me cale. Senhor, meu Deus, te darei graças para sempre! —*Salmo 30:10-12*

---

Que cena de transformação em resposta a oração! Perceba que Davi não diz "eu espero que tu tenhas", e sim "tem" – tu tens. Ele tem muita certeza disso e, tendo certeza dessa grande misericórdia, confere a Deus toda a glória. Que maravilhosa transformação! Não meramente de pranto em paz, mas em alegria – alegria expressa por dança, não meramente de roupas de luto em roupas comuns, mas das roupas do luto ao cetim da alegria. Deus nada faz pela metade; Ele não apenas afugenta a noite e nos concede o crepúsculo, como também continua nos alegrando com toda a glória do meio-dia e faz essa troca com um fim e propósito definidos.

---

Extraído da exposição seguinte ao sermão *His Great Love* (Seu grande amor), pregado no Metropolitan Tabernacle, Newington, em 15 de agosto de 1875.

*Minhas reflexões*

**Dia 31**

## *Salmo* 31

És minha rocha e minha fortaleza; por causa do teu nome, guia-me e conduze-me. Tira-me da armadilha que me prepararam, pois só em ti encontro proteção. Em tuas mãos entrego meu espírito; resgata-me, SENHOR, pois és Deus fiel. —*Salmo 31:3-5*

---

Você nunca vive realmente enquanto não faz isso. Tudo que se apresenta a esse ato de rendição total é a morte. Logo, quando você confiou em Cristo, começou realmente a viver. E todos os dias, enquanto você viver, tome o cuidado de repetir esse processo e se entregar alegremente nas mãos de Deus, sem reservas. Ou seja, renda-se a Deus – seu corpo, para ser saudável ou enfermo, para ter vida longa ou ser repentinamente cortado. Entregue também sua alma e seu espírito a Deus, para serem alegrados ou entristecidos, conforme agradar a Ele. Entregue todo o seu ser a Ele e diga: "Meu Pai, faze-me rico ou faze-me pobre, dá-me visão ou torna-me cego, permite-me ter todos os meus sentidos ou tira-os, torna-me famoso ou deixa-me no anonimato. Eu me entrego a ti – em Tuas mãos entrego meu espírito. Não mais exercerei a minha própria escolha, mas tu escolherás a minha herança para mim. Os meus momentos estão em Tuas mãos."

## Minhas reflexões

**Dia 32**

## Salmo 32

Como é feliz aquele cuja desobediência é perdoada, cujo pecado é coberto! Sim, como é feliz aquele cuja culpa o SENHOR não leva em conta, cuja consciência é sempre sincera! [...] Finalmente, confessei a ti todos os meus pecados e não escondi mais a minha culpa. Disse comigo: "Confessarei ao SENHOR a minha rebeldia", e tu perdoaste toda a minha culpa. — *Salmo 32:1,2,5*

---

"E tu perdoaste" – bendito "e". Como foi simples! As torrentes de ira divina estavam se avolumando; Davi apenas abriu as comportas da confissão, as torrentes se escoaram e tudo ficou calmo. Ó, que plano simples! Porém, a soberba não o suporta; humilhar-se e confessar diante de Deus que se está totalmente perdido, arruinado e, além de tudo, é pecador é o que nosso espírito soberbo, se puder, não se empenhará em fazer. Contudo, esse é o caminho da paz. Prostrado, prostrado, prostrado, com o rosto em terra! "Quem está no chão não precisa ter medo de cair." Nós, porém, não gostamos de nos humilhar, de reconhecer nossa transgressão. Ainda assim, precisamos fazê-lo; e quanto antes, melhor.

---

Extraído da exposição seguinte ao sermão *Life Proved by Love* (Vida provada pelo amor), pregado no Metropolitan Tabernacle, Newington, em 18 de janeiro de 1883.

## Minhas reflexões

## Dia 33

# Salmo 33

Cantem de alegria ao SENHOR, vocês que são justos; é apropriado que os íntegros o louvem. Celebrem ao SENHOR com melodias da harpa, toquem música para ele com instrumento de dez cordas. Entoem para ele um novo cântico, toquem com habilidade e cantem com alegria. —*Salmo 33:1-3*

---

O louvor é tão gracioso para o íntegro quanto flores e frutos são graciosos para uma planta. Nunca houve uma planta cujo fruto por ela produzido não lhe fosse gracioso; a maior beleza da macieira no jardim é vê-la carregada de maravilhosas flores, as coisas mais lindas do mundo – e, depois, ver os galhos envergados pelas deliciosas frutas! A graça de uma planta reside em tornar-se perfeita e produzir seus frutos. O mesmo acontece com os cristãos; o cristão estéril não tem graça; a graça do cristão, a sua graça espiritual, reside em frutificar para Deus – e o que é isso, senão o louvor? "A gratidão [...] é um sacrifício que de fato me honra", diz o Senhor. O homem foi criado com o propósito de glorificar a Deus. Essa é a sua principal finalidade. Então, a sua principal finalidade lhe é graciosa. Se ele responde à sua finalidade, é gracioso Àquele que o criou e, como a nossa principal finalidade é glorificar a Deus, o louvor se torna gracioso aos íntegros.

---

Extraído do sermão *Praise comely to the upright* (Louvor adequado aos íntegros) pregado no Metropolitan Tabernacle, Newington, em 18 de junho de 1868.

*Minhas reflexões*

## Dia 34

# *Salmo* 34

SALMO DE DAVI SOBRE A OCASIÃO EM QUE SE FINGIU DE LOUCO DIANTE DE ABIMELEQUE, QUE O EXPULSOU DE SUA PRESENÇA.

Louvarei o SENHOR em todo o tempo; meus lábios sempre o louvarão. —*Salmo 34:1*

O título deste salmo é "Salmo de Davi sobre a ocasião em que se fingiu de louco diante de Abimeleque, que o expulsou de sua presença". Isso se refere a um triste episódio da vida de Davi, quando ele teve de fingir estar louco para escapar de seus inimigos. Porém, percebo que, embora o fato esteja registrado, Davi não se dedica a ele no salmo. Ele agira como um tolo ou louco, mas não foi suficientemente tolo, ou suficientemente louco, para gloriar-se em sua vergonha! Ouvi alguns homens, cujo passado fora muito vergonhoso, os quais, após sua professada conversão, pareciam gabar-se de seus pecados. Davi não faz isso, nem o fará qualquer outra pessoa sensata. Tenhamos sempre vergonha do nosso pecado, mesmo enquanto magnificamos a graça de Deus que nos salvou. Embora possamos sentir ser necessário mencioná-lo para incentivar outros a terem esperança na misericórdia de Deus, ainda assim precisamos cuidar de nunca sequer parecer insistir nele com algum tipo de prazer. Assim, o salmo começa: "Louvarei o SENHOR em todo o tempo" – "Quer os tempos sejam escuros ou claros, quer eu me sinta saudável ou doente, quer o Senhor me trate graciosa ou severamente, eu o bendirei em todo tempo."

---

Extraído da exposição seguinte ao sermão *The Commissariat of the Universe* (O comissariado do Universo), pregado no Metropolitan Tabernacle, Newington.

# Minhas reflexões

## Dia 35

## Salmo 35

Ó Senhor, defende-me dos que me acusam; luta contra os que lutam contra mim. Põe tua armadura e toma teu escudo, prepara-te para a batalha e vem me socorrer. Levanta tua lança e teu dardo contra aqueles que me perseguem. Que eu te ouça dizer: "Eu lhe darei vitória!". —*Salmo 35:1-3*

---

Davi sabia para onde correr a fim de refugiar-se em seu momento de dificuldade. Muitos ali se opunham a ele. Ele havia sido muito caluniado. Seu caminho era difícil. Assim, após apresentar o seu caso perante o Senhor, como Ezequias fez com a blasfema mensagem de Rabsaqué [N.E.: Porta-voz do rei assírio, Senaqueribe (2Rs 18:19.)], ele se volta ao Altíssimo e clama a Ele por socorro com um pedido, como se isso fosse suficiente para aliviá-lo de todos os seus problemas – "Que eu te ouça dizer: 'Eu lhe darei vitória'". Assim, ele invoca Deus para que o Senhor lhe dê uma palavra de Sua própria boca, pegue o escudo e a espada e o defenda e seja o seu defensor. "Ó, meu Deus, fala à minha alma alguma palavra confortadora e ela me será suficiente!" É um sinal de adoção, uma marca da habitação do Espírito de Deus em nós se corrermos ao nosso Deus em nossos tempos de angústia! Alma, você consegue encontrar alguma dificuldade em fazer isso? Esse não é um dos seus instintos espirituais? Então, tenha medo de ser um estrangeiro e não um filho verdadeiro, porque o filho legítimo procura a face de seu Pai, clama pela atenção do Pai e se abriga no seio de seu Pai!

---

Extraído do sermão *Assurance Sought* (Segurança buscada) pregado no Metropolitan Tabernacle, Newington.

*Minhas reflexões*

**Dia 36**

# Salmo 36

Teu amor, SENHOR, é imenso como os céus; tua fidelidade vai além das nuvens. Tua justiça é como os montes imponentes, teus decretos, como as profundezas do oceano; tu, SENHOR, cuidas tanto das pessoas como dos animais. —*Salmo 36:5,6*

---

Quem sabe o que pode haver nessas grandes profundezas? Lá há pérolas – imensas massas de coisas preciosas que fariam os olhos do avarento brilharem como uma estrela. [Nos oceanos], em grande profundidade, há os destroços dos antigos galeões espanhóis perdidos séculos atrás, e ali permanecem enormes fontes de riqueza; assim também ocorre com os profundos juízos de Deus. Quanta sabedoria está oculta ali, quantos tesouros de amor e fidelidade e daquilo que Davi considera com muita ternura – diz ele: "tu me disciplinaste por tua fidelidade". Há o mesmo tanto de sabedoria para ser vista em algumas das profundas aflições advindas de Deus – se apenas pudéssemos entendê-las, veríamos tanta sabedoria nelas quanto na criação do mundo!

---

Extraído do sermão *Fathomless* (Insondável), pregado no Metropolitan Tabernacle, Newington.

## Minhas reflexões

# Dia 37

## *Salmo* 37

Aquiete-se na presença do Senhor, espere nele com paciência. Não se preocupe com o perverso que prospera, nem se aborreça com seus planos maldosos. Deixe a ira de lado! Não se enfureça! Não perca a calma; isso só lhe trará prejuízo. —*Salmo 37:7,8*

---

Como devemos chegar a esse lugar de repouso sagrado? Os passos estão no salmo diante de nós. O primeiro é "Não se preocupe". Você está nos campos, entre os animais selvagens – deixe de caçá-los. Você está entre as pessoas que trabalham em cativeiro, sofrendo todo o peso das intempéries e de períodos difíceis – afaste-se delas. Vá porta adentro, entre na casa de seu Pai. Com a ajuda do Espírito divino, deixe as verdes árvores de louro que lançaram sua sombra sobre você e entre no santuário. Não seja mais como os carnais, que se invejam mutuamente. Enquanto está lá fora, entre pessoas que desejam coisas más e reclamam da providência do Senhor, você não consegue descansar. Enquanto está se agitando para conquistar o que os outros homens desejam e desfrutar daquilo com que os outros homens têm prazer, você está perdendo os privilégios peculiares dos filhos de Deus. Enquanto o seu espírito está participando da corrida com os mundanos e lutando com eles na batalha, você não consegue desfrutar da paz que Jesus deixou como legado aos Seus discípulos. Então, afaste-se, porque o primeiro passo para descansar é "Não se preocupe".

---

Extraído do sermão *Rest in the Lord* (Descanse no Senhor) pregado no Metropolitan Tabernacle, Newington, em 14 de janeiro de 1877.

## Minhas reflexões

**Dia 38**

## *Salmo* 38

Estou exausto e abatido; meus gemidos vêm de um coração angustiado. Tu conheces meus desejos, Senhor, e ouves cada um de meus suspiros. Meu coração bate depressa, minhas forças se esvaem, e a luz de meus olhos se apaga. —*Salmo 38:8-10*

---

Pode-se dizer que Deus conhece os nossos desejos, e isso é o que o texto afirma. Não duvido da onisciência de Deus! Porém, Ele nos pede que lhe confessemos tudo com o mesmo cuidado, como se Ele não soubesse antes de lhe informarmos. Nós mesmos devemos expor nossas causas, como fez Davi, pois, somente após ter contado sua triste história nos oito versículos anteriores, é que ele disse: "Tu conheces meus desejos". Podemos esperar que o Senhor nos trate como se não conhecesse os nossos desejos se formos negligentes em declará-los. O apóstolo não nos exorta "orem a Deus pedindo aquilo de que precisam e agradecendo-lhe por tudo que ele já fez"? Observe a expressão: "orem a Deus". O Senhor aguarda para ser gracioso após o Seu povo haver pedido a bênção! Ele sabe, mas, frequentemente, não age em conformidade com esse conhecimento enquanto não houvermos exposto a nossa causa diante dele.

---

Extraído do sermão *Desires Towards God — A Sermon for the Weak* (Desejo por Deus — um sermão para os débeis), pregado no Metropolitan Tabernacle, Newington, em 24 de outubro de 1880.

# Minhas reflexões

# Dia 39

## Salmo 39

"Mostra-me, SENHOR, como é breve meu tempo na terra; mostra-me que meus dias estão contados e que minha vida é passageira. A vida que me deste não é mais longa que alguns palmos, e diante de ti toda a minha existência não passa de um momento; na verdade, o ser humano não passa de um sopro". Somos apenas sombras que se movem, e nossas inquietações não dão em nada. Acumulamos riquezas sem saber quem as gastará. —*Salmo 39:4-6*

---

Enquanto estivermos procurando conhecer a extensão de nossos dias, que se destaque nitidamente a grande importância a eles atribuída, porque o nosso destino eterno está atrelado a isso. No tocante a nós, esta vida decide a próxima. Nesta vida, um crente em Cristo; na outra, uma vida de glória, felicidade e imortalidade! Nesta vida, um incrédulo; depois, na próxima vida, no mundo vindouro, punição eterna pela mão de Deus! Esse pensamento faz até mesmo esta breve vida inflar até atingir proporções maravilhosamente amplas! Eis aqui um homem próximo de um verme e, ainda, próximo de Deus – nascido apenas ontem e, contudo, a sua existência continuará perpetuamente com Deus, pois o homem não morrerá! Tão importante, contudo, tão insignificante! Tão magnífica, contudo, tão curta é a extensão de meus dias!

---

Extraído do sermão *Brief Life Is Here Our Portion* (A breve vida é aqui nossa porção) pregado no Metropolitan Tabernacle, Newington.

*Minhas reflexões*

# Dia 40

## Salmo 40

Esperei com paciência pelo Senhor; ele se voltou para mim e ouviu meu clamor. Tirou-me de um poço de desespero, de um atoleiro de lama. Pôs meus pés sobre uma rocha e firmou meus passos. Deu-me um novo cântico para entoar, um hino de louvor a nosso Deus. Muitos verão o que ele fez, temerão e confiarão no Senhor. —*Salmo 40:1-3*

Vi pessoas serem muito arrogantes quando baterem à porta de um homem público e tiveram de esperar um pouco. Elas sentem que não deveriam aguardar no saguão. Porém, suponha que algum jovem lhes dissesse: "Eu sou filho dele e, contudo, estou esperando há uma hora!" – então, elas ficariam mais pacientes. Portanto, quando Deus fizer você esperar, não seja soberbo e diga: "Por que devo esperar mais pelo Senhor?", e sim lembre-se: "é bom esperar em silêncio pela salvação do Senhor". Jesus esperou – "esperou com paciência". Procure ser como Ele, e com paciência domine sua alma. "Não consigo ver como serei liberto." Espere! "Ah, esse é um fardo muito pesado." Espere! "Mas eu estou prestes a morrer sob essa terrível carga." Espere! Continue esperando! Embora Ele se demore, espere por Ele; vale a pena esperar por Ele. "Esperar" é uma palavra curta, mas é necessária muita graça para enunciar todo o seu significado, e ainda mais graça para colocá-la em prática. Espere, espere! "Ó, mas eu tenho sido infeliz." Espere. "Mas eu acreditei em uma promessa, e ela não foi cumprida." Espere, porque, enquanto espera em companhia bendita, você pode ouvir Jesus dizendo: "Esperei com paciência". Bendito seja o Seu nome por Ele estar nos ensinando a fazer o mesmo por meio de Seu gracioso Espírito.

---

Extraído do sermão *Brought Up from the Horrible Pit* (Tirado de um poço de desespero), pregado no Metropolitan Tabernacle, Newington, em 13 de agosto de 1882.

## Minhas reflexões

**Dia 41**

# Salmo 41

Todos que me odeiam falam de mim em sussurros e imaginam o pior. "Ele está com uma doença mortal", dizem, "nunca mais se levantará da cama!" Até meu melhor amigo, em quem eu confiava e com quem repartia meu pão, voltou-se contra mim. —*Salmo 41:7-9*

---

Muitos filhos de Deus tiveram seu caráter denegrido por sussurros de caluniadores. Muitos homens passaram por maus bocados devido à maledicência de homens mundanos. Sim, até mesmo o Senhor dos santos e Rei dos peregrinos soube o que era deparar-se com um traidor em um de Seus amigos e receber a mais vil ingratidão de alguém que havia comido de Seu pão. Não se deixe entristecer demais se for caluniado ou traído; homens melhores do que você sofreram esse temeroso mal. Portanto, leve o problema ao seu Senhor e suporte-o com a paciência que Ele lhe der.

---

Extraído da exposição seguinte ao sermão *A Singular Plea in Prayer* (Um clamor especial em oração), pregado no Metropolitan Tabernacle, Newington, 27 de abril de 1897.

*Minhas reflexões*

# Dia 42

## *Salmo* 42

Como a corça anseia pelas correntes de água, assim minha alma anseia por ti, ó Deus. Tenho sede de Deus, do Deus vivo; quando poderei estar na presença dele? —*Salmo 42:1,2*

---

A corça anseia pelas águas e Davi anseia pelo seu Deus, o Deus vivo. Eu não o vejo expressar uma única palavra de arrependimento por se ausentar de seu trono. Provavelmente, ele escreveu este salmo após ser expulso de seu país por seu ingrato filho Absalão, mas Davi não diz: "Minha alma anseia por minhas riquezas e o esplendor do reino de Judá" – não, nem uma palavra sobre isso. Ele deixa para trás as coisas irrelevantes, desiste dessas pompas inquietantes, satisfeito em abrir mão de tudo para sempre, desde que possa encontrar o seu Deus.

Nós bem podemos desprezar a palha se retivermos o trigo. Não o vejo sequer mencionando sua casa; contudo, ele era um homem de espírito amoroso, que se agradava em abençoar a sua casa, mas aqui eu não leio uma palavra sequer acerca de seu palácio, seus jardins ou seus tesouros; nem mesmo por seus filhos ele suspira; ainda que seja banido de sua própria casa, não se desagradará desde que não seja banido também da casa de Deus. Para ele, sua morada era o Senhor e, morando no lugar secreto do Altíssimo, suas alegrias eram totalmente completas.

---

Extraído do sermão *The Panting Hart* (A corça sedenta), pregado no Metropolitan Tabernacle, Newington, em 20 de julho de 1868.

## Minhas reflexões

**Dia 43**

## *Salmo* 43

Envia a tua luz e a tua verdade, para que me guiem. Que elas me conduzam ao teu santo monte, ao lugar onde habitas. Ali, irei ao altar de Deus, a Deus, fonte de toda a minha alegria. Eu te louvarei com minha harpa, ó Deus, meu Deus! —*Salmo 43:3,4*

---

Perceba o santo êxtase com que Davi considera o seu Senhor! Ele não é simplesmente a sua alegria, e sim a sua extrema alegria; não a fonte da alegria, o doador da alegria ou o mantenedor da alegria, mas sim a própria alegria. O texto diz "fonte de toda a minha alegria", isto é, a alma, a essência, as próprias entranhas da minha alegria. Aproximar-nos de Deus, que é para nós uma grande alegria, pode muito bem ser o objeto de nossa fome e sede. Sim, eu o louvarei com minha harpa. A sua melhor música para o seu maior amor. Quando Deus nos enche de alegria, nós devemos sempre derramá-la aos Seus pés em louvor; e toda habilidade e todo talento que temos devem ser colocados como contribuição a fim de aumentar o recebimento divino de glória. Ó Deus, meu Deus. Como Davi se apega ao nome que tanto ama! Ele já o dedilha em sua harpa como se a sua música houvesse começado. Que sons mais doces pode a música conhecer do que essas quatro palavras? Ter Deus como bem e conhecê-lo pela fé é o Céu do coração – nele há plenitude de bem-aventurança.

---

Extraído de *Treasure of David* (O tesouro de Davi), Salmo 43.

## Minhas reflexões

**Dia 44**

# *Salmo* 44

Ó Deus, ouvimos com os próprios ouvidos; nossos antepassados nos contaram tudo que fizeste em seus dias, muito tempo atrás. Com teu poder, expulsaste as nações e estabeleceste teu povo na terra. Esmagaste os povos inimigos e libertaste nossos antepassados. Não foi por suas espadas que eles conquistaram a terra, não foi pela força de seus braços que alcançaram vitória. Foi pela tua mão direita e pelo teu braço forte, pela luz intensa do teu rosto; foi por causa do teu amor por eles. —*Salmo 44:1-3*

---

Quando as pessoas ouvem falar do que Deus costumava fazer, uma das coisas que dizem é: "Ah, isso foi há muito tempo". Elas imaginam que os tempos mudaram desde então. Alguém diz: "Eu acredito em qualquer coisa acerca da Reforma – consigo entender os maiores relatos que possam ser feitos". Outra pessoa diz: "E o mesmo eu poderia dizer acerca de Whitefield e Wesley [N.E.: Dois grandes avivalistas do século 18.]; tudo aquilo é verdade. Eles trabalharam vigorosamente e com sucesso – mas isso foi há muitos anos. Naquela época, as coisas estavam bem diferentes do que estão agora". Com certeza, mas eu quero saber o que as coisas têm a ver com isso? Eu achava que Deus as havia criado. Deus mudou? Ele não é o Deus imutável, o mesmo ontem, hoje e eternamente? Isso não fornece argumento suficiente para provar que o que Deus fez em dado tempo, Ele pode fazer em outro? Não, eu penso que posso avançar um pouco mais e dizer que o que Ele fez uma vez é uma profecia do que Ele pretende fazer novamente – que as poderosas obras realizadas nos tempos antigos serão todas repetidas, o cântico do Senhor será novamente entoado em Sião e Ele será, de novo, grandemente glorificado!

---

Extraído do sermão *The Story of God's Mighty* Acts (A história dos poderosos atos de Deus), pregado no Music Hall, Royal Surrey Gardens, em 17 de julho de 1859.

## *Minhas reflexões*

**Dia 45**

## Salmo 45

Põe tua espada à cintura, ó poderoso guerreiro; tu és glorioso e majestoso! Em tua majestade, cavalga para a vitória e defende a verdade, a humildade e a justiça; avança e realiza feitos notáveis. Tuas flechas são agudas e atravessam o coração de teus inimigos; as nações caem a teus pés. —*Salmo 45:3-5*

---

Quando o nosso Senhor Jesus Cristo é representado como um Rei, nós nos deleitamos em pensar nele como o Príncipe da Paz cujo domínio porá fim a toda guerra e tornará desnecessário as nações da Terra continuarem a aprender as artes da guerra. Enquanto isso, porém, neste estado atual, o mal está no mundo, o pecado está em toda a nossa volta e, portanto, o pecado é a maldição da humanidade. Por isso, para o nosso bem, Cristo é um Rei guerreiro, combatendo o mal e lutando contra todas as formas de pecado; e, nesse aspecto, nós o consideramos em Sua gloriosa carruagem de guerra, percorrendo o mundo no poder do Seu evangelho, golpeando à direita e à esquerda com a grande espada do Espírito e, ao mesmo tempo, atirando Suas agudas flechas da verdade do evangelho até os confins da Terra! A verdade de Deus é a arma usada por Cristo. As armas de Sua guerra não são carnais, como são as nossas. A verdade de Deus é a Sua espada e a Sua flecha!

---

Extraído do sermão *The King's Sharp Arrows* (As afiadas flechas do Rei) pregado no Metropolitan Tabernacle, Newington, 16 de janeiro de 1870.

## Minhas reflexões

## Dia 46

# Salmo 46

Deus é nosso refúgio e nossa força, sempre pronto a nos socorrer em tempos de aflição. Portanto, não temeremos quando vierem terremotos e montes desabarem no mar. —*Salmo 46:1,2*

---

Certas provações são muito misteriosas e ameaçadoras. Seria um grande mistério se víssemos "montes desabarem no mar". Eles permanecem imóveis há eras e, se derem um salto, perderemos o juízo tentando explicar o seu movimento. Se alguma força gigantesca os arrancasse pelas raízes e os arremessasse contra o centro do oceano, ficaríamos assombrados. Porém, algumas aflições são dessa ordem – não se pode entendê-las. Frequentemente, o aguilhão da tristeza está no invisível. O que não conseguimos compreender nos surpreende e nos assusta. Contudo, meus irmãos, nós não precisamos temer se Deus estiver conosco; ainda que os montes tenham sido lançados no meio do mar, o Senhor poderá colocá-los de volta em seus lugares novamente. Portanto, se todos os demônios do inferno ajudaram a criar o seu problema, você não precisa ficar alarmado, porque o único Deus é maior do que milhões de demônios. Se todas as legiões do abismo se lançassem em hostes inumeráveis como gafanhotos voadores, todos armados até os dentes e ansiosos pelo seu sangue, mas o Senhor dos exércitos estivesse com você, você marcharia através deles como um homem atravessa um gramado. Um leão não teme um rebanho de ovelhas, e um homem que confia em Deus domina os exércitos dos adversários. Portanto, nós não temeremos, ainda que "montes desabem no mar". O nosso Deus é mais poderoso do que toda e qualquer força misteriosa.

---

Extraído do sermão *Earthquake but not Heartquake* (Terremotos, mas não estremecidos) pregado no Metropolitan Tabernacle, Newington, em 27 de fevereiro de 1887.

## Minhas reflexões

**Dia 47**

# Salmo 47

Batam palmas, todos os povos! Celebrem a Deus em alta voz! Pois o SENHOR Altíssimo é temível; é o grande Rei de toda a terra. Ele derrota os povos diante de nós e põe as nações sob nossos pés. Escolheu para nós uma terra como herança, o orgulho dos descendentes de Jacó, a quem ele ama. —*Salmo 47:1-4*

---

Você sabe que às vezes canta "Cabe a mim obedecer, cabe a Ele prover", mas tem se intrometido nos negócios de Cristo e abandonado os seus próprios. Você tem tentado ser a parte "provedora" e deixado para outra pessoa a parte "obediente". Agora, assuma a parte obediente e deixe Cristo administrar a provisão. Então venham, irmãos e irmãs, duvidosos e medrosos, venham ver o armazém de seu Pai e perguntem se Ele deixará vocês morrerem de fome enquanto Ele mantém tanta abundância em Seu celeiro! Venham e olhem para o Seu coração misericordioso e vejam se Ele falhará! Venham e olhem para a Sua inescrutável sabedoria e vejam se ela errará. Acima de tudo, olhem para cima, para Jesus Cristo, o seu intercessor, e perguntem-se: "Enquanto Ele pleiteia, poderá o meu Pai se esquecer de mim?". E, se Ele se lembra até mesmo de pardais, se esquecerá de um dos menores de Seus pobres filhos? "Entregue suas aflições ao Senhor, e ele cuidará de você; jamais permitirá que o justo tropece e caia."

---

Extraído do sermão *A Wise Desire* (Um sábio desejo), pregado na New Park Street Chapel, Southwark, em 8 de julho de 1855.

# Minhas reflexões

# Dia 48

## *Salmo* 48

Percorram a cidade de Sião, vão e contem suas muitas torres. Observem os muros fortificados e caminhem por todas as cidadelas, para que possam descrevê-las às gerações futuras. Pois assim é nosso Deus; ele é nosso Deus para todo o sempre e nos guiará até o dia de nossa morte. —*Salmo 48:12-14*

---

A Igreja de Cristo deve cuidar para que o que Deus fez por uma geração seja contado à geração seguinte. Quanto você e eu fomos ajudados pelo que os nossos pais nos contaram? As obras maravilhosas que ficam registradas – o que Deus fez no passado – ministraram grande consolo a nós nesta era atual. Cuidemos de transmitir a nossos filhos e filhas um registro do que Deus fez. A essência da questão é exatamente essa – cada cristão deve ter um profundo interesse pela obra de Deus em seu tempo, para saber ensiná-la a seus filhos e, especialmente, ensiná-la às pessoas que nasceram para a família de Deus. Ensine aos jovens cristãos o que Deus *fez*, *está* fazendo e ainda *fará* por Sua Igreja!

---

Extraído do sermão *Beholding God's Church* (Contemplando a Igreja de Deus) pregado no Metropolitan Tabernacle, Newington, em 14 de julho de 1870

## Minhas reflexões

**Dia 49**

## Salmo 49

Portanto, não desanimem quando o perverso enriquecer e sua casa se tornar ainda mais luxuosa. Pois, quando morrer, nada levará consigo; sua riqueza não o acompanhará ao túmulo. Nesta vida, ele se considera afortunado e é elogiado por seu sucesso. Contudo, morrerá como todos os seus antepassados e nunca mais voltará a ver a luz do dia. —*Salmo 49:16-19*

---

Não "quando você fizer o bem", observe; porque, frequentemente, quando você fizer o bem, os homens criticarão e censurarão – e, quanto melhor o ato, mais seguramente ele provocará o desprezo de muitos. Porém os homens, "o [louvam] quando faz o bem a si mesmo". "Homem astuto! É assim que um homem deve ser. Veja como ele prospera! Sujeito inteligente, empreendedor! Ah, sim, ele é o homem que se deve ter como amigo." Sempre que um egoísmo ofendido cresce como uma bola de neve, os homens elogiam. É a ironia da vida.

---

Extraído da exposição seguinte ao sermão *The Doors of the Shadow of Death* (As portas da sombra da morte), pregado no Metropolitan Tabernacle, Newington, em 24 de setembro de 1876.

# Minhas reflexões

# Dia 50

## *Salmo* 50

Não o reprovo por seus sacrifícios, nem pelos holocaustos que sempre oferecem. Não preciso, contudo, dos novilhos de seus estábulos, nem dos bodes de seus currais. Pois são meus todos os animais dos bosques, e sou dono do gado nos milhares de colinas. Conheço cada pássaro dos montes, e todos os animais dos campos me pertencem. Se eu tivesse fome, não lhes diria, pois meu é o mundo inteiro e tudo que nele há. —*Salmo 50:8-12*

---

O Senhor reprova os sacrifícios levíticos quando os compara às ofertas evangélicas. Ele coloca a oração e o louvor acima do sangue de novilhos ou do sacrifício de bodes! Contudo, não devemos entender que Deus despreza as ofertas do Seu povo. Se você ofertar a Deus como se Ele precisasse da sua ajuda, Ele nada receberá! Porém, o nosso gracioso Deus é tão condescendente que, embora de nada precise, permite que Seu povo leve suas ofertas de gratidão e as deposite aos Seus pés. Meu Deus, aceitarás uma oferta minha? Então, não demorarei a entregá-la a ti! Que cada um de nós sinta em seu coração que, embora Deus nada precise de nós, precisamos do privilégio de ofertar a Ele.

---

Extraído da exposição seguinte ao sermão *The Two Gatherings* (As duas reuniões), pregado no Metropolitan Tabernacle, Newington, em 16 de agosto de 1863.

# Minhas reflexões

# Dia 51

## *Salmo* 51

Abre meus lábios, Senhor, para que minha boca te louve. Tu não desejas sacrifícios, do contrário eu os ofereceria; também não queres holocaustos. O sacrifício que desejas é um espírito quebrantado; não rejeitarás um coração humilde e arrependido. —*Salmo 51:15-17*

---

Você se lembra o que aconteceu quando aquela santa mulher quebrou o frasco de alabastro? A casa se encheu da fragrância do unguento que continha. Um espírito quebrantado não consegue guardar segredos! Agora, tudo é revelado. Agora, sua essência se manifesta. Uma quantidade enorme de nossa oração e adoração é semelhante a frascos fechados; não somos capazes de dizer o que eles contêm. Porém, não é isso o que ocorre com um espírito quebrantado! Quando um espírito quebrantado canta, ele canta! Quando um espírito quebrantado geme, ele geme! Um espírito quebrantado nunca brinca de se arrepender, nem de crer. Atualmente boa parte da religião é muito superficial, está inteiramente na superfície. Uma quantidade muito pequena de tinta de evangelho, com apenas um pouco de verniz da profissão de fé, percorrerá um longo caminho e parecerá muito brilhante. Porém, um espírito quebrantado não é assim; com ele, o hino é um hino *genuíno*, a oração é uma oração *genuína*, ouvir sermões é uma obra zelosa; e sua pregação é a obra mais difícil de todas!

---

Extraído do sermão *Repentance After Conversion* (Arrependimento depois da conversão), pregado no Metropolitan Tabernacle, Newington, em 12 de junho de 1887.

*Minhas reflexões*

# Dia 52

## *Salmo* 52

Os justos verão isso e temerão; rirão de você e dirão: "Vejam o que acontece aos poderosos guerreiros que não fazem de Deus sua fortaleza! Confiam em suas muitas riquezas e se refugiam em sua maldade". —*Salmo 52:6,7*

---

Olhe aqui e leia o epitáfio de um homem poderoso, que foi um orgulhoso dominador durante o seu curto tempo e pisou no pescoço dos escolhidos do Senhor. Esse é o homem que não fez de Deus a sua força. Eis o homem! O grande homem vaidoso. Ele encontrou uma fortaleza, mas não em Deus; glorificou-se em seu poder, mas não no Todo-poderoso. Onde está ele agora? Que lhe aconteceu quando teve necessidade? Observe a ruína dele e aprenda. Ele confiou na abundância de suas riquezas e se fortaleceu em sua maldade. A riqueza que ele acumulara e os prejuízos morais que causara eram seu orgulho e sua glória. Riqueza e maldade são companheiras terríveis; quando combinadas, criam um monstro. Quando Senhor de sacos de dinheiro, o diabo é, de fato, um diabo. Belzebu e Mamom juntos esquentam a fornalha sete vezes mais para o filho de Deus, mas, no fim, isso provocará a destruição deles mesmos. Onde quer que vejamos hoje um homem importante em pecado e riqueza, faremos bem em prever o seu fim e ver este versículo como o divino epitáfio.

---

Extraído de *Treasury of David* (O tesouro de Davi), Salmo 52:7.

## Minhas reflexões

## Dia 53

## Salmo 53

Acaso os que praticam o mal jamais aprenderão? Devoram meu povo como se fosse pão e nem pensam em orar a Deus. Grande terror se apoderará deles, terror como nunca experimentaram. Deus espalhará os ossos dos que atacam seu povo; serão humilhados, pois Deus os rejeitou. Quem virá do monte Sião para salvar Israel? Quando Deus restaurar seu povo, Jacó dará gritos de alegria, e Israel exultará. —*Salmo 53:4-6*

---

Davi vê o fim dos ímpios e o triunfo final da semente espiritual. Os rebeldes marcham com fúria contra os graciosos, mas, de repente, são tomados de pânico injustificado. Aqueles que, antes, eram destemidos fanfarrões tremem como as folhas da faia, assustados com a própria sombra. Nessa sentença e nesse versículo, esse salmo difere muito do décimo-quarto. Ele evidentemente expressa um estado mais elevado de percepção no poeta: enfatiza a verdade por meio de expressões mais fortes. Sem causa, os ímpios ficam alarmados. Quem nega Deus é, no fundo, um covarde e, em sua infidelidade, é como o garoto no cemitério da igreja que "assobia para manter a coragem", pois Deus espalhou os ossos daquele que acampa contra você. Quando os ímpios veem a destruição de seus companheiros, podem muito bem tremer. Poderosos foram os exércitos que sitiaram Sião, mas foram derrotados e suas carcaças não enterradas provaram a proeza do Deus cuja existência eles ousaram negar. Tu os humilhaste porque Deus os rejeitou. O povo de Deus pode muito bem olhar seus inimigos com escárnio, porque eles são objetos de desprezo divino. Eles zombam de nós, mas, com maior razão, nós podemos rir deles com desdém, porque o Senhor nosso Deus os considera menos do que nada e vaidade.

---

Extraído de *The Treasury of David* (O tesouro de Davi), Salmo 53:5.

## Minhas reflexões

**Dia 54**

## Salmo 54

Vem com a força do teu nome, ó Deus, e salva-me! Defende-me com teu grande poder. Ouve minha oração, ó Deus; escuta minha súplica. […] Deus, porém, é meu auxílio; o Senhor me mantém com vida. —*Salmo 54:1,2,4*

---

Ele via inimigos por toda parte e agora, para sua alegria, ao olhar para o conjunto de seus defensores, vê alguém cuja ajuda é melhor do que toda a ajuda de homens; diante disso, é tomado pela alegria de reconhecer seu campeão divino e grita: Vê! Não é um tema de piedosa exultação em todos os tempos o grande Deus proteger a nós, Seu próprio povo? Que importa o número ou a violência de nossos inimigos quando Ele levanta o escudo de Sua onipotência para nos proteger e a espada de Seu poder para nos socorrer? Pouco nos importamos com o desafio do inimigo enquanto temos a defesa de Deus. O Senhor está com quem defende a minha alma. O Senhor reinante, o grande Adonai, está no acampamento dos meus defensores. Ali havia um defensor maior do que qualquer um dos três poderosos ou do que todos os homens valentes que escolheram Davi como seu líder. O salmista estava muito confiante; ele sentia tão profundamente que seu coração estava do lado do Senhor, que tinha certeza de que Deus estava do seu lado.

---

Extraído de *The Treasury of David* (O tesouro de Davi), Salmo 54.

# Minhas reflexões

## Dia 55

## Salmo 55

Ouve minha oração, ó Deus! Não ignores meu clamor por socorro! Ouve-me e responde-me, pois estou sobrecarregado e confuso. —*Salmo 55:1,2*

---

Quando um homem ignora seu companheiro angustiado, diz-se que ele se esconde. Ó Deus, não me ignores! Quando ouvires a minha voz lamentosa, não te apresses e me deixes entregue à angústia! Amado, não se esqueça de que a face de Deus se escondeu do nosso Senhor Jesus Cristo. Você e eu podemos confiar em que, em nosso tempo de oração, não teremos de fazer isso. "Meu Deus, meu Deus, por que me abandonaste?" Porém, ainda que devêssemos beber daquele cálice, lábios melhores do que os nossos já provaram seu amargor muito tempo atrás!

---

Extraído da exposição seguinte ao sermão *Two Coverings and Two Consequences* (Duas coberturas e duas consequências), pregado no Metropolitan Tabernacle, Newington.

# Minhas reflexões

## Dia 56

## Salmo 56

Quando eu tiver medo, porém, confiarei em ti. Louvo a Deus por suas promessas, confio em Deus e não temerei; o que me podem fazer os simples mortais? —*Salmo 56:3,4*

---

"Confiarei em ti." Quão gloriosa é essa confissão de fé! Não é a expressão da natureza humana – é um sinal da graça divina. Ninguém confia em Deus sem, primeiramente, haver ocorrido uma obra divina em sua alma! Pelo menos, nenhum homem medroso consegue confiar em Deus se o Senhor não tiver ensinado o seu espírito receoso a voar como uma pomba para o seguro pombal fendido na Rocha Eterna pela graça divina. Feliz é a alma à qual foi ensinada a arte sagrada e o mistério de crer em Jesus! Essa é a mais elevada e mais nobre de todas as ciências práticas! Quando sentirmos medo, que Deus nos conceda graça para nos exercitarmos nela!

---

Extraído do sermão *Faith Hand in Hand With Fear* (A fé de mãos dadas ao medo), pregado no Metropolitan Tabernacle, Newington.

## Minhas reflexões

**Dia 57**

# Salmo 57

Tem misericórdia de mim, ó Deus, tem misericórdia! Em ti me refugio. À sombra de tuas asas me esconderei, até que passe o perigo. Clamo ao Deus Altíssimo, ao Deus que cumpre seus propósitos para mim. Dos céus ele enviará socorro para me salvar e envergonhará os que me perseguem. Meu Deus enviará seu amor e sua fidelidade! —*Salmo 57:1-3*

---

O título deste Salmo – "Ao regente do coral: salmo de Davi sobre a ocasião em que ele fugiu de Saul para a caverna" – nos revela quando ele foi escrito. Esse é um dos "salmos de ouro" de Davi. Que mistura de fraqueza e força existe nesse primeiro versículo – a fraqueza tão embelezada por ser revestida com a força da fé! Que desvio do homem e direcionamento ao Senhor! E, ao ir ao Senhor, que humildade e pedido de misericórdia e somente misericórdia! "Tem misericórdia de mim, ó Deus, tem misericórdia!" Contudo, que santa ousadia também! "Em ti me refugio." E que alegre confiança e doce repouso em Deus! "À sombra de tuas asas me esconderei." Se eu não conseguir ver o esplendor da Tua face, a sombra das Tuas asas me será suficiente. Apenas deixa-me chegar perto de ti – permite-me confiar humildemente em ti e isso me será suficiente "até que passe o perigo".

---

Extraído da exposição seguinte ao sermão *Anxiety, Ambition, Indecision* (Ansiedade, ambição, indecisão), pregado no Metropolitan Tabernacle, Newington, em 27 de janeiro de 1876.

# Minhas reflexões

**Dia 58**

# Salmo 58

Vocês, governantes, sabem o que significa justiça? Acaso julgam o povo com imparcialidade? De modo algum! Tramam injustiça em seu coração e espalham violência por toda a terra. —*Salmo 58:1,2*

---

Os inimigos de Davi eram um grupo numeroso e unido; por condenarem tão unanimemente o perseguido, eram inclinados a considerar que seu veredicto era correto. "A voz do povo é a voz de Deus" é um provérbio mentiroso, baseado na presunção decorrente de grandes combinações. Não concordamos todos com perseguir o homem até a morte? Quem ousa sugerir que tantos ilustres possam estar errados? Contudo, o perseguido golpeia o machado na raiz ao exigir que seus juízes respondam à pergunta se estavam, ou não, agindo em conformidade com a justiça. Seria bom se, às vezes, os homens parassem e considerassem isso sinceramente. Alguns dos que cercavam Saul eram perseguidores mais passivos do que ativos; eles se calaram quando o objeto do ódio do rei foi difamado; no original, essa primeira frase parece ser dirigida a eles, que são solicitados a justificar seu silêncio. "Quem cala consente", [diz o ditado]. Quem se abstém de defender o certo é cúmplice do errado. Ó filhos dos homens, vocês julgam retamente? Também vocês são apenas homens, embora revestidos de uma breve pequena autoridade. Seu dever para com os homens e sua relação com eles ligam vocês à retidão; mas, vocês se lembraram disso? Não deixaram de lado toda a verdade quando condenaram os piedosos e se uniram na busca da derrota dos inocentes? Contudo, ao fazê-lo, não tenham muita certeza do sucesso, porque vocês são apenas os "filhos dos homens" e há um Deus que pode reverter os seus veredictos e o fará.

---

Extraído de *The Treasury of David* (O tesouro de Davi), Salmo 58.

## Minhas reflexões

**Dia 59**

# Salmo 59

És minha força; em ti espero, pois tu, ó Deus, és minha fortaleza. Em seu amor, meu Deus estará comigo; permitirá que eu triunfe sobre meus inimigos. —*Salmo 59:9,10*

---

Deus é invisível; entretanto, é presente e atuante em nossa vida. Ele não é ouvido pelos ouvidos; não obstante, é percebido pelo coração. Ele certamente está agindo para cumprir os Seus propósitos, embora os nossos sentidos rudes e terrenos não sejam capazes de descobri-lo. A fé tem um poder de percepção muito maior do que os sentidos; ela é "a realidade daquilo que esperamos [e a] convicção de coisas que não vemos". Embora os homens carnais digam "ver é crer", nós lhes asseguramos que, para nós, "crer é ver". Viramos o ditado deles ao contrário; para nós, nossa fé é olho, ouvido, paladar e tato; ela é tão poderosa em nós que não apenas sabemos que existe um Deus, mas também o consideramos a grande força motriz do Universo e diariamente contamos com a Sua poderosa ajuda.

---

Extraído do sermão *A Singular Title and a Special Favor* (Um título singular e um favor especial), pregado no Metropolitan Tabernacle, Newington, 12 de julho de 1874.

## Minhas reflexões

# Dia 60

## Salmo 60

Contudo, levantaste uma bandeira para os que te temem, um ponto de abrigo em meio ao ataque. Agora, livra teu povo amado; responde-nos e salva-nos por teu poder. —*Salmo 60:4,5*

---

Quando um líder estava prestes a reunir tropas para uma guerra, levantava sua bandeira e, em seguida, todos os homens se reuniam junto a ela. A chegada à bandeira, a reunião em torno dela, era a união ao príncipe, a defesa de sua causa. No dia da batalha, quando ocorria alguma probabilidade de o exército ser posto em fuga, todos os homens valentes lutavam em torno da bandeira. Sua defesa tinha primordial importância. Eles poderiam deixar a bagagem durante algum tempo, poderiam abandonar as flâmulas de suas divisões, mas com a grande bandeira vermelho-sangue consagrada com oração era diferente: era preciso que todos se reunissem em torno dela, e lá, se necessário, derramar o sangue de seu coração. Meus irmãos, Cristo é o ponto de união para todos os soldados da cruz. Eu não conheço outro lugar onde todos os cristãos possam se encontrar.

---

Extraído do sermão *Our Banner* (Nossa bandeira), pregado no Metropolitan Tabernacle, Newington, em 1863.

# Minhas reflexões

**Dia 61**

## *Salmo* 61

Ó Deus, ouve meu clamor! Escuta minha oração! Dos confins da terra clamo a ti, com meu coração sobrecarregado. Leva-me à rocha alta e segura, pois és meu refúgio e minha fortaleza, onde meus inimigos não me alcançarão. —*Salmo 61:1-3*

---

Suponha que seja possível sermos banidos até o limite da terra verde, até "rios não conhecidos por canções". Suponha que sejamos precipitados para muito longe, onde a luz minguante do dia desapareça e o raio sombrio do sol mal irradie luz sobre o mundo – onde a vegetação, diminuindo e enfraquecendo, finalmente desapareça. Suponha que sejamos banidos para o exílio, sem um amigo e sem alguém para nos auxiliar. Mesmo lá, nos confins da Terra, descobriríamos que a oração a Deus ainda estaria disponível! De fato, se há um lugar mais próximo do que outro do trono de Deus, esse lugar é o fim da Terra, porque é o começo do Céu! Quando termina a nossa força, começa a onipotência de Deus. O limite da natureza humana é a oportunidade de Deus.

---

Extraído do sermão *The High Rock* (A Rocha elevada), pregado na New Park Street Chapel, Southwark, em 1859.

## Minhas reflexões

# Dia 62

## Salmo 62

Minha vitória e minha honra vêm somente de Deus; ele é meu refúgio, uma rocha segura. Ó meu povo, confie nele em todo tempo; derrame o coração diante dele, pois Deus é nosso refúgio. —*Salmo 62:7,8*

---

Diga com Jó: "Ainda que Deus me mate, ele é minha única esperança". "Confie nele em todo tempo", mesmo quando Ele parecer estar zangado e esconder Sua face de você. "Confie nele em todo tempo", até mesmo no dia tempestuoso e sombrio. Dentre as muitas excelências de fé está o fato de ela poder enxergar no escuro, poder andar livremente mesmo com mau tempo, poder ancorar-se em uma tempestade e, quando os leões estão no caminho, não se importar com eles! Então, cristão perturbado, confie nele agora, no tempo presente! Deixe seus cuidados, tristezas e aflições nesta casa de oração e vá embora com uma canção em seu coração, se não em sua boca. "Confie nele em todo tempo".

---

Extraído da exposição seguinte ao sermão *The Secret of Happiness* (O segredo da felicidade), pregado no Metropolitan Tabernacle, Newington, em 2 de maio de 1872.

## Minhas reflexões

## Dia 63

## Salmo 63

Ó Deus, tu és meu Deus; eu te busco de todo o coração. Minha alma tem sede de ti; todo o meu corpo anseia por ti nesta terra seca, exausta e sem água. Eu te vi em teu santuário e contemplei teu poder e tua glória. —*Salmo 63:1,2*

---

Se estamos no deserto, Deus não é o Deus do deserto? Suas maiores maravilhas não foram realizadas quando Ele guiou o Seu povo ao longo do deserto uivante, o alimentou com maná e se revelou em uma coluna ardente e por meio da nuvem? Onde Hagar olhou para Aquele que a viu, senão no deserto? Onde Moisés viu o Senhor no arbusto, senão no deserto? Onde Elias ouviu uma voz falando com ele, senão lá longe, no deserto? E onde o salmista Davi se encontrava com seu Deus, senão na terra solitária onde não há água? Ó minha alma, se você estiver no deserto agora, espere que seu Deus se encontre com você. Abra agora seus olhos e espere para vê-lo mostrar a Sua graça. Agora que você está como a terra seca, Ele derramará rios sobre você. Agora que você está vazia, Ele a preencherá com a Sua divina plenitude. A sua pobreza a prepara para apreender as Suas riquezas. A sua morte interior a prepara para receber a Sua vida eterna. Portanto, tenha esperança e levante-se de sua depressão e seu medo.

---

Extraído do sermão *A Wilderness Cry* (Um clamor no deserto), pregado no Metropolitan Tabernacle, Newington, em 4 de agosto de 1878.

## Minhas reflexões

## Dia 64

## Salmo 64

Ó Deus, ouve minha queixa; protege-me das ameaças de meus inimigos. Esconde-me das tramas dessa multidão perversa, do tumulto dos que praticam o mal. Eles afiam a língua como espada e apontam palavras amargas como flechas. —*Salmo 64:1-3*

A difamação sempre foi a principal arma dos inimigos do homem bom, e os maliciosos cuidam atentamente de usá-la com eficácia. Assim como os guerreiros afiam suas espadas para lhes dar um gume que cortará profundamente e ferirá agonizantemente, também os inescrupulosos inventam falsidades que serão calculadas para infligir dor, apunhalar a reputação, matar a honra dos justos. O que uma língua má não dirá? Que sofrimento ela não se esforçará por infligir? Eles retesam os arcos para atirar flechas, palavras amargas. Ao longe disparam suas calúnias, como arqueiros disparam suas flechas envenenadas. Com estudo e força, preparam seu discurso como arcos curvos e então, com mira fria e deliberada, lançam a flecha que mergulharam em amargura. [...] em todos os casos, corramos ao Senhor em busca de socorro. O único recurso do qual Davi dispunha contra essas duas armas dos iníquos era a oração. Para se defender contra espada ou flecha, ele usou a única defesa da fé em Deus.

---

Extraído de *The Treasury of David* (O tesouro de Davi), Salmo 64.

# Minhas reflexões

**Dia 65**

## Salmo 65

Como é feliz aquele que tu escolhes para se aproximar de ti, aquele que vive em teus pátios. Quantas coisas boas nos saciarão em tua casa, em teu santo templo. Tu respondes às nossas orações com notáveis feitos de justiça, ó Deus de nossa salvação. És a esperança de todos na terra, e até dos que navegam por mares distantes. —*Salmo 65:4,5*

---

Amados amigos, quem vai ao mar em navio logo descobre a sua própria fraqueza. Um homem parece um homem quando está em terra ou no comando de um bom barco navegando alegremente diante do vento; mas, em uma grande tempestade, que pobre criatura ele é! Lá vai ele – uma onda vinda de longe o varreu do convés como se ele fosse uma verga do mastro. Você ouve um grito de lamento e, para ele, tudo se acaba. A profundeza faminta não dá valor a tão pequeno bocado! O vento ainda uiva e as ondas dançam com terrível alegria. Se não for assim afogado, frequentemente o homem forte torna-se inútil para ajudar os outros. Ele não consegue se mexer, visto que não conseguiria manter o equilíbrio. Ele precisa ser amarrado ao mastro, caso contrário será lançado do convés. O homem mais corajoso, mais sábio e mais forte é apenas nada durante a tempestade. Então, quase inveja a ave marinha lançada "para cima e para baixo, para cima e para baixo, da base até a crista da onda", porque sempre está segura e sai da espuma totalmente renovada! Caros amigos, vocês e eu somos frequentemente levados a condições nas quais tememos não valer metade do que o mar traga. Não nos resta mais força alguma – somos menos do que nada e vaidade. Ó, então, que Deus seja a nossa confiança!

---

Extraído do sermão *God in Heaven, Men on the Sea* (Deus no Céu, homens sobre o mar), pregado no Metropolitan Tabernacle, Newington.

## Minhas reflexões

**Dia 66**

## Salmo 66

Tu nos puseste à prova, ó Deus, e nos purificaste como prata. —*Salmo 66:10*

Nunca li uma lista dos brincos e das pulseiras que as mulheres israelitas ganharam das egípcias; não sou capaz, portanto, de lhes fornecer uma relação de todas as joias de ouro, todas as pulseiras de prata e as ricas tiaras de rubis que os cristãos recebem das profundezas de suas tribulações. Assim, temos todo o tipo de coisas excelentes. Não foi Rutherford [N.E.: Samuel Rutherford (1600-61), pastor, teólogo e autor escocês.] quem disse que bebeu muitos tipos de vinho de Deus, mas o mais azedo de todos foi o mais doce ao engolir? Com certeza, é assim. Muitos tipos de pão que comemos são deliciosos – muitos pães celestiais; porém, o que é assado nas brasas, como o pão que Elias comia, é a refeição que nos faz seguir fortalecidos durante 40 dias. Todo pão que vem de Deus é bom, mas o que os corvos negros, com suas vozes roucas, nos trazem é o mais adequado aos profetas de Deus. Todas as nossas passagens pela fornalha ardente nos tornam semelhantes a espadas quando são bem forjadas: estão prontas para atravessar ossos. Sermos colocados no fogo repetidamente faz de nós verdadeiras espadas de Jerusalém. Bem, irmão, você e eu não deixaremos de ser provados enquanto não chegarmos ao Céu, quando tudo terminará; cantaremos e este será o doce tom: "Tu nos provaste, ó Deus, e bendito seja o Teu nome por isso; antes, éramos afligidos e nos perdemos; agora, porém, guardamos a Tua palavra".

---

Extraído do sermão *The Church's Probation* (A provação da Igreja), pregado no Metropolitan Tabernacle, Newington, em 1863.

# Minhas reflexões

**Dia 67**

# Salmo 67

Que os povos te louvem, ó Deus, sim, que todos os povos te louvem. Então a terra dará suas colheitas, e Deus, o nosso Deus, nos abençoará ricamente. Sim, Deus nos abençoará, e todos os habitantes da terra o temerão. —*Salmo 67:5-7*

---

Acompanhe-me em uma breve revisão do salmo que está diante de nós, pois isso nos ajudará a responder à pergunta: Quando é que "Deus, o nosso Deus, nos abençoará?". O salmo começa com "Que Deus seja misericordioso e nos abençoe"; essa é a voz de um povo penitente confessando seus delitos passados. Deus abençoará a Sua Igreja quando ela reconhecer as suas falhas e se humilhar; quando, com evangélico arrependimento, ela se colocar diante do propiciatório e clamar: "Que Deus seja misericordioso e nos abençoe". Nunca devemos esperar que o Senhor abençoe uma igreja soberba e presunçosa, uma igreja de coração empedernido e indiferente. Quando humilhada e posta no pó em decorrência da conscientização de suas próprias falhas, Deus se agradará em olhar para ela com misericórdia.

---

Extraído do sermão *The Minstrelsy of Hope* (O menestrel da esperança), pregado no Metropolitan Tabernacle, Newington, em 5 de julho de 1868.

# Minhas reflexões

# Dia 68

## Salmo 68

Quando subiste às alturas, levaste muitos prisioneiros; recebeste dádivas do povo, até mesmo dos que se rebelaram contra ti. Agora o SENHOR Deus viverá ali, em nosso meio. Louvado seja o SENHOR; louvado seja Deus, nosso salvador! A cada dia ele nos carrega em seus braços. —*Salmo 68:18,19*

---

Contemple o seu Senhor na cruz; observe as cinco pavorosas feridas e toda a vergonhosa flagelação e as cusparadas que homens lhe impuseram! Veja como aquele corpo bendito, preparado pelo Espírito Santo para a habitação da Segunda Pessoa da adorável Trindade, foi tratado com maldade! Há, porém, um fim para tudo isso: "subiste às alturas". Aquele que foi o objeto de escárnio da Terra é, agora, a maravilha do Céu! Eu te vi deitado no sepulcro, envolto em mortalhas e embalsamado com especiarias, mas tu subiste às alturas, onde a morte é incapaz de tocar-te! O Cristo que foi sepultado aqui está, agora, no trono! O coração que fora dilacerado está aqui palpitando em Seu peito neste minuto, tão repleto de amor e condescendência como quando Ele habitava entre os homens! Ele não se esqueceu de nós, porque não se esqueceu de si mesmo, e nós somos parte integrante dele! Ele ainda se lembra do Calvário e do Getsêmani. Mesmo quando você estiver deslumbrado com o superlativo esplendor do Seu estado exaltado, ainda creia que Ele é um irmão gerado para a adversidade.

---

Extraído do sermão *Our Lord's Triumphant Ascension* (A triunfante ascensão de nosso SENHOR), pregado no Metropolitan Tabernacle, Newington, em 11 de maio de 1890.

*Minhas reflexões*

## Dia 69

## Salmo 69

Livra-me do atoleiro, não permitas que eu afunde ainda mais. Salva-me dos que me odeiam, tira-me destas águas profundas. Não deixes que as correntezas me cubram, nem que as águas profundas me engulam, nem que a cova da morte me devore. —*Salmo 69:14,15*

---

Novamente, amados, as provações são permitidas para mostrarem a fraqueza natural da criatura, para que nenhuma carne se glorie na presença de Deus. Homens com nervos de aço são levantados para enfrentar toda oposição e confrontar os poderes das trevas; seu testemunho nunca falha, seu caminho é reto e reluzente como o Sol do Céu, e os homens se alegram sob a sua luz. Com fé destemida, eles enfrentam o leão do inferno em seu covil e, no dia da batalha, buscam a luta mais ferrenha. Todos os demônios do inferno não conseguem amedrontá-los, e todos os inimigos da Terra não conseguem tirá-los do seu divino propósito. Eles conquistam tantas almas quanto a areia do mar e seus filhos espirituais são numerosos como cascalho. Eles revivem a chama que permanece nas brasas da Igreja; incendeiam o mundo com fogo celestial; consolam a muitos e libertam milhares de prisioneiros; contudo, de repente, e pode ser na última hora, sua alegria se vai, sua certeza foge e sua confiança parte. Não poderá ser isso necessário para que os homens não associem o comportamento nobre do defensor à força de sua constituição natural, e sim discirnam que o Deus eterno era o suporte da sua fé? Poderíamos ter imaginado que o guerreiro de sucesso fosse algo diferente dos outros homens – mas, quando ele é humilhado, discernimos claramente que o que deve ser visto e admirado é uma graça distintiva, não um homem distinto. O homem era apenas um vaso de barro no qual Deus havia colocado o Seu precioso tesouro, e Ele torna manifesta a natureza terrena do vaso para que todos os homens possam ver que a excelência do poder não é nossa, e sim de Deus!

---

Extraído do sermão *The Believer Sinking in the Mire* (O crente se afundando no lodo), pregado no Metropolitan Tabernacle, Newington.

*Minhas reflexões*

## Dia 70

# Salmo 70

Alegrem-se e exultem, porém, todos que te buscam. Todos que amam tua salvação, digam sempre: "Deus é grande!". Quanto a mim, pobre e aflito, vem depressa me socorrer, ó Deus. Tu és meu auxílio e minha salvação; ó Senhor, não te demores! —*Salmo 70:4,5*

---

...amado, nós também amamos a salvação de Deus quando consideramos o objetivo dela. Seu objetivo para conosco foi resgatar para Cristo um povo que deveria ser zeloso por boas obras. O pecador ama ser salvo do inferno; o santo ama ser salvo do pecado. Qualquer um gostaria de ser salvo do fosso do inferno, mas somente um filho de Deus deseja ser salvo de todo caminho falso. Nós amamos a salvação de Deus porque ela nos salva do egoísmo, da soberba, da concupiscência, do mundanismo, da amargura, da malícia, da preguiça e da impureza. Quando essa salvação for concluída em nós, ficaremos "sem mancha, ruga ou qualquer outro defeito" e seremos renovados em santidade segundo a imagem de Cristo Jesus, nosso Senhor. Seu grande objetivo é a nossa perfeição em santidade, essa é principal beleza da salvação. Nós nos contentaríamos em ser pobres, mas não podemos nos contentar em ser pecaminosos; poderíamos nos resignar à enfermidade, mas não poderíamos estar satisfeitos em permanecer alienados de Deus; ansiamos por perfeição e não nos contentaremos com algo menos do que ela. E, por isso ser garantido a quem crê no evangelho de Cristo, nós amamos a Sua salvação e queremos dizer continuamente: "Deus seja engrandecido".

---

Extraído do sermão *Our Watchword* (Nossa senha), pregado no Metropolitan Tabernacle, Newington, em 1.º de outubro de 1871.

## Minhas reflexões

**Dia 71**

## *Salmo* 71

Louvarei teus feitos poderosos, SENHOR Soberano; contarei a todos que somente tu és justo. Ó Deus, desde a infância me tens ensinado, e até hoje anuncio tuas maravilhas. —*Salmo 71:16,17*

---

Onde Davi foi ensinado em sua juventude? Suponho que nos pastos da Palestina. Enquanto cuidava do rebanho de seu pai, ele se sentava, pensava, meditava, orava. Sob as estrelas que olhavam para ele como muitos olhos de amor divino, ele se sentava à noite e falava com Deus, e Deus falava com ele. E, entre as ovelhas, ele aprendeu a cantar "O SENHOR é meu pastor, e nada me faltará" [...]

Como homem, Davi foi ensinado por Deus em suas provações, em suas cruzes, em seus confortos, por seus amigos e por seus inimigos. Ele estava sempre sendo ensinado por Deus. Às vezes, infelizmente, se esquecia da lição ou borrava o livro – mas nunca saiu da escola. Ele era castigado, mas nunca expulso – ainda continuava como aluno de Deus. Já com os cabelos grisalhos, nós o encontramos ainda escrevendo seus salmos e sendo ensinado por Deus – talvez aprendendo mais em seus últimos dias, aprendendo com mais tristeza, manchando seu livro com lágrimas, descobrindo mais de si mesmo e mais da misericórdia de Deus, mais do poder da tentação e mais do poder do sacrifício que afasta o pecado, mais das perambulações de seu coração e mais daquele Espírito livre que nos sustenta e nos faz andar nos caminhos de Deus. Ele estava sempre sendo ensinado. Um cristão nunca terminará de ser ensinado enquanto não estiver diante do trono de ouro de Deus.

---

Extraído do sermão *God's pupil, God' preacher — An Autobiography* (Aluno de Deus, pregador de Deus — Uma autobiografia), pregado no Metropolitan Tabernacle, Newington, 28 de julho de 1889.

## Minhas reflexões

## Dia 72

# Salmo 72

Louvado seja o SENHOR Deus, o Deus de Israel, o único que realiza tais maravilhas! Louvado seja seu nome glorioso para sempre! Que sua glória encha toda a terra. Amém e amém! —*Salmo 72:18,19*

---

Não pedimos meramente o cristianismo nominal de qualquer país, e sim a conversão de todas as famílias de todos os países. "Que sua glória encha toda a terra. Amém e amém!" Esse desejo é enorme, demasiadamente elevado? Somos muito otimistas em nossas expectativas? Não! "Assim como as águas enchem o mar, a terra se encherá do conhecimento da glória do Senhor" – e inteiramente! Não queremos ver lugares secos aqui e ali; assim como as profundas bases dos abismos são cobertas pelo mar, desejamos que toda nação possa ser coberta pela verdade de Deus. E assim oramos para que todas as famílias possam recebê-la. Sim, nós oramos para que toda família tenha sua oração matinal e vespertina. Oramos para que toda família possa ser criada no temor do Senhor, para que toda criança possa, aos joelhos de sua mãe, dizer "Pai Nosso" e ter respondida a sua oração "Venha o teu reino". Sim, nós pedimos a Deus que toda casa seja como as tendas de Judá: consagrada a Deus.

---

Extraído do sermão *David's Dying Prayer* (Oração de Davi antes de morrer), pregado no Music Hall, Royal Surrey Gardens, em 26 de abril de 1857.

*Minhas reflexões*

**Dia 73**

## Salmo 73

Tu me guias com teu conselho e me conduzes a um destino glorioso. Quem mais eu tenho no céu senão a ti? Eu te desejo mais que a qualquer coisa na terra. Minha saúde pode acabar e meu espírito fraquejar, mas Deus continua sendo a força de meu coração; ele é minha possessão para sempre. —*Salmo 73:24-26*

---

Como, então, Deus nos guia? Primeiro, pelas orientações gerais da Sua Palavra. Você quer saber o que Deus quer que você faça? Nove em cada dez vezes, busque nos Dez Mandamentos e, no mínimo, você saberá o que não deve fazer; e, sabendo o que não deve fazer, poderá concluir o que lhe é permitido fazer. Na Palavra de Deus há algumas instruções maravilhosamente claras acerca de todo tipo de circunstâncias e condições. Você poderá imitar frequentemente os santos da antiguidade e poderá imitar sempre o Senhor deles; e, imitando Cristo, você saberá o que fazer. A pergunta que o orientará acerca do seu curso de ação é: "O que Jesus Cristo teria feito se estivesse nas minhas circunstâncias?". Excetuando-se a Sua divindade, na qual você é incapaz de copiá-lo, o que o Homem Cristo Jesus teria feito? Faça isso, porque, certamente, será a coisa mais sábia.

---

Extraído do sermão *Guidance to Grace and Glory* (Orientação para a graça e a glória), pregado no Metropolitan Tabernacle, Newington, em 4 de outubro de 1888.

# Minhas reflexões

**Dia 74**

## Salmo 74

Lembra-te das promessas da aliança, pois a terra está cheia de escuridão e violência. —*Salmo 74:20*

---

Na conexão do nosso texto, não há dúvida de que o suplicante queria dizer: "Ó Senhor, impede que qualquer coisa desvie as Tuas promessas". Na época, a Igreja se encontrava em um estado muito terrível. O Templo estava queimado e a estrutura, destruída. A adoração a Deus havia cessado e emblemas idólatras estavam no Santo Lugar, onde outrora resplandecera a glória de Deus. A súplica é: "Não permitas que o poder do inimigo seja tão grande a ponto de frustrar os Teus propósitos ou anular as Tuas promessas". Assim, podemos orar: "Ó Senhor, não me permitas sofrer tanta tentação a ponto de cair. Não permitas que tal aflição me sobrevenha a ponto de eu ser destruído; não prometeste que eu não serei tentado além do que sou capaz de suportar e que haverá uma maneira de escapar da tentação? Agora, atenda a Tua aliança e, assim, ordena a Tua providência para que nada me aconteça que seja contrário a esse acordo divino." Significa também: "Por isso, ordena a tudo que está ao nosso redor para que a aliança seja cumprida. A Tua Igreja está desanimada? Levanta novamente em seu meio homens que preguem o evangelho com poder, sejam os meios para erguê-la. Criador dos homens, Senhor dos corações humanos, tu que podes circuncidar lábios humanos para falar a Tua palavra com poder, faze isso e deixa ser cumprida com a Tua Igreja a aliança de nunca a deixares. Os reis da Terra estão em Tuas mãos. Todos os eventos são controlados por ti. Tu ordenas todas as coisas, do minúsculo ao imenso. Nada, por menor que seja, é pequeno demais para os Teus propósitos. Nada, por maior que seja, é grandioso demais para não estar sob o Teu governo.

Administra tudo para que, no fim, cada promessa da Tua aliança seja cumprida para todo o Teu povo escolhido."

---

Extraído do sermão *The Covenant Pleaded* (A Aliança invocada), pregado no Metropolitan Tabernacle, Newington.

*Minhas reflexões*

# Dia 75

## Salmo 75

Pois ninguém na terra, de leste a oeste, nem mesmo no deserto, deve exaltar a si mesmo. Somente Deus é quem julga; ele decide quem se levantará e quem cairá. —*Salmo 75:6,7*

---

Porque a promoção não vem do leste, nem do oeste, nem do sul. Há um Deus e uma providência, e as coisas não acontecem por acaso. Embora não haja esperança de vir libertação de algum ponto da bússola, Deus pode trazê-la para o Seu povo; e, embora o julgamento não venha do nascer ou do pôr do sol, nem do deserto ou das montanhas, ainda assim ocorrerá, porque o Senhor reina. Os homens se esquecem de que todas as coisas são ordenadas no Céu; eles veem apenas a força humana e a paixão carnal, mas o Senhor invisível é muito mais real do que isso. Ele está agindo por trás e no interior da nuvem. Os tolos imaginam que não, mas Ele está próximo neste momento e trazendo em Sua mão aquela taça do vinho temperado da vingança, um gole do qual atordoará todos os seus inimigos.

---

Extraído de *The Treasury of David* (O tesouro de David), Salmo 75.

# Minhas reflexões

**Dia 76**

## *Salmo* 76

Deus é honrado em Judá, grande é seu nome em Israel. Jerusalém é onde ele habita, o monte Sião é seu lar. Quebrou ali as flechas flamejantes do inimigo, os escudos, as espadas e as armas de guerra. —*Salmo 76:1-3*

---

Coragem, cristão! Seus inimigos podem ser incessantes em seus ataques, mas Jesus Cristo é infalível em protegê-lo. Por Sião, Ele não retém a Sua paz; por Jerusalém, não descansa; em vez disso, Sua intercessão se apresenta perpetuamente diante do trono eterno, e a constante apresentação do Seu onipotente mérito preserva eternamente os tentados, socorre os necessitados e sustenta os que estão em vias de cair. Alegremo-nos, pois na Nova Jerusalém, à qual aspira a nossa alma batalhadora, a intercessão de Jesus quebra "as flechas flamejantes do inimigo, os escudos, as espadas e as armas de guerra". E isso não termina aí, visto que, aqui embaixo, o nosso exaltado Senhor é Senhor de todos os acontecimentos, e a providência é governada e guiada pelo Homem cuja cabeça foi cingida por uma coroa de espinhos –

*Eis, em Suas mãos, as chaves soberanas*
*Do Céu, da morte e do inferno.*

---

Extraído do sermão *The Arrows of the Bow Broken in Zion* (As flechas do arqueiro quebradas em Sião), pregado no Metropolitan Tabernacle, Newington, em 19 de janeiro de 1868.

# Minhas reflexões

**Dia 77**

## *Salmo* 77

Deus se esqueceu de ser bondoso? Em sua ira, fechou a porta para a compaixão? Pensei: "É por esta razão que sofro; o Altíssimo voltou sua mão direita contra mim". Depois, porém, lembro-me de tudo que fizeste, Senhor; recordo-me de tuas maravilhas do passado. —*Salmo 77:9-11*

---

A tribulação de Asafe não foi leve – foi uma grande tristeza que veio sobre ele. A partir de algumas palavras do salmo, alguém pensaria ter sido uma enfermidade pessoal o que ele estava sofrendo. Porém, a partir de outras, pareceria uma profunda aflição que havia atingido sua família e as pessoas a quem ele amava. Isso o fizera ficar com o espírito deprimido e a alma pesarosa em um grau muito grave, porque ele declarou que sua dor atravessava a noite sem cessar. Ele se queixou de seu espírito estar angustiado. Portanto, não conclua que você não é filho de Deus porque as alegrias que teve anteriormente se foram! Eu fico encantado quando estou com jovens cristãos cheios de sua primeira alegria – e oro sinceramente para que demore muito para que essas alegrias diminuam; porém, ao mesmo tempo, pode ser prudente fazê-los saber que, se essas alegrias se forem, isso não será evidência de que o amor de Deus também se foi! Precisamos sempre tomar cuidado com viver por sentimentos. Isso é agradável no verão, mas é um jeito ruim de viver no inverno da alma. Andamos por fé e não por vista nem pelo sentir, porque nos lembramos de que, frequentemente, os nossos sentimentos são muito confusos – e o que pensamos ser uma alegria santa pode ser, em parte, um entusiasmo animal – pode não ser totalmente aquela alegria do Senhor que é a nossa força. Eu lhe imploro que não baseie a evidência de usufruir da salvação em sua alegria, porque, se o fizer, estará com um pesaroso problema quando a sua alegria oscilar ou se for.

---

Extraído do sermão *The Saint's Trials and the Divine Deliverances* (As provações dos santos e as libertações divinas), pregado no Metropolitan Tabernacle, Newington, 11 de janeiro de 1872.

*Minhas reflexões*

**Dia 78**

# Salmo 78

Não esconderemos essas verdades de nossos filhos; contaremos à geração seguinte os feitos gloriosos do SENHOR, seu poder e suas maravilhas. Portanto, cada geração deve pôr sua esperança em Deus, não esquecer seus poderosos feitos e obedecer a seus mandamentos. —*Salmo 78:4,7*

---

É dever da Igreja do Senhor manter, com o mais pleno vigor, todos os meios destinados à formação religiosa dos jovens; para eles devemos buscar a Igreja do futuro e colheremos o que para eles semearmos. As crianças devem ser ensinadas a engrandecer o Senhor; elas devem ser bem informadas quanto aos Seus maravilhosos feitos nos tempos passados e devem conhecer Sua força e as maravilhosas obras que Ele fez. O melhor ensino é o ensino das melhores coisas. A primeira lição para uma criança deve ser sobre o Deus de sua mãe. Independentemente do que você lhe ensinar, se ela não aprender o temor do Senhor, perecerá por falta de conhecimento. A gramática é um alimento ruim para a alma se não for saboreada com graça. Toda mochila deve conter uma Bíblia. O mundo só pode ensinar conhecimento secular, que é tudo que ele conhece, mas a Igreja não deve lidar assim com seus filhos; ela deve olhar bem para todo Timóteo e garantir que, desde criança, ele conheça as Sagradas Escrituras. Ao redor da lareira, os pais devem repetir não somente os registros da Bíblia, mas também os feitos dos mártires e reformadores e, além disso, o relacionamento do Senhor com eles mesmos, tanto em providência quanto em graça.

---

Extraído de *The Treasury of David* (O tesouro de Davi), Salmo 78.

# Minhas reflexões

## Dia 79

# Salmo 79

Nossos vizinhos zombam de nós; somos objeto de riso e desprezo para os que nos rodeiam. Ajuda-nos, ó Deus de nossa salvação, pela glória do teu nome. Livra-nos e perdoa nossos pecados, pela honra do teu nome. —*Salmo 79:4,9*

---

Quem escapou do inimigo comum zomba de nós, joga na nossa cara as nossas tragédias e nos pergunta: "Onde está o seu Deus?". Devemos demonstrar compaixão pelos aflitos, mas, em muitos casos, isso não se aplica, porque uma lógica estrita defende que quem sofre mais do que calamidades comuns deve ter sido um extraordinário pecador. Especialmente os vizinhos costumam ser o oposto do vizinho; quanto mais perto moram, menos são compassivos. É extremamente lamentável as coisas serem assim. "Escárnio e zombaria aos que nos rodeiam." Encontrar alegria nas misérias dos outros e exultar pelos males alheios é digno apenas do diabo e daqueles que o têm como pai. Assim, o caso muito deplorável é apresentado ao Senhor. Asafe foi um excelente advogado, porque forneceu uma descrição reveladora das calamidades que estavam diante dos seus próprios olhos e das quais ele se condoía, mas nós temos nas alturas um Intercessor mais poderoso, que nunca deixa de apresentar a nossa causa diante do trono eterno.

---

Extraído de *The Treasury of David* (O tesouro de Davi), Salmo 79.

## Minhas reflexões

## Dia 80

## Salmo 80

Restaura-nos, ó SENHOR, o Deus dos Exércitos! Que a luz do teu rosto brilhe sobre nós; só então seremos salvos. —*Salmo 80:19*

Esta parece ser a única oração do salmista neste salmo, como sendo por si só suficiente para remover todos os males pelos quais ele lamentava. Embora ele suspire devido à luta com os vizinhos e a ridicularização pelos adversários e lamente o mau estado da boa videira; embora deplore suas sebes quebradas e se queixe dos animais selvagens que a devastam e a devoram, ainda assim não pede em detalhes ao Altíssimo contra esses males. Porém, reunindo todos os seus desejos nessa oração, ele a reitera repetidamente – "Restaura-nos, ó SENHOR, Deus dos exércitos! Que a luz do teu rosto brilhe sobre nós; só então seremos salvos". A razão é óbvia. Ele havia descoberto que todas as calamidades tinham uma única fonte – "Ó SENHOR, Deus dos exércitos, até quando ficarás irado?" – e, agora, busca refrigério em uma única fonte. Que o Teu rosto não mais se feche, e sim resplandeça sobre nós com um sorriso, e tudo ficará bem. Esta é uma lição específica para a Igreja de Cristo! Em seus problemas, provações e adversidades, procure primeiro, principalmente e acima de tudo, ter um reavivamento da religião em seu íntimo – a presença de Deus em seu próprio coração. Tendo isso, você quase não tem outra coisa para orar! Tudo mais que lhe acontecer cooperará para o seu bem; tudo que parecer impedir o seu curso provará ser realmente um vendaval próspero – para transportá-lo para o seu refúgio desejado. Apenas tenha o cuidado de buscar a Deus!

---

Extraído do sermão *One Antidote for Many Ills* (Um antídoto para muitos males) pregado em New Park Street Chapel, Southwark, em 9 de novembro de 1856.

## Minhas reflexões

# Dia 81

## Salmo 81

Jamais tenha em seu meio outro deus; não se curve diante de deus estrangeiro. Pois fui eu, o Senhor, seu Deus, que o tirei da terra do Egito. Abra bem a boca, e a encherei de coisas boas. —*Salmo 81:9,10*

---

Se você já viu a mãe pássaro chegar ao ninho com uma minhoca no bico, percebeu que, em um instante, todos os seus pequeninos estão acordados e ansiosos para ingerir o verme. Ela só pode alimentar um deles de cada vez e mal consegue fazer isso, pois, assim que um de seus filhotes engole o que a mamãe pássaro lhe dá, ele logo começa a abrir o bico novamente; por isso, os papais pássaros têm de se manter voando muito rápido, o dia inteiro, coletando alimentos para a família; porém, por mais vezes que venham, nunca precisam usar a exortação do nosso texto. Os pássaros em seus ninhos são muito mais sensatos do que nós. Ao pairar sobre nós com Suas asas abertas e nos cobrir com Suas penas quentes, Deus precisa dizer a cada um de nós: "Abra bem a boca, e a encherei"; os passarinhos, porém, sem serem ensinados, cuidam de abrir bem o bico para que a mãe possa enchê-lo.

---

Extraído do sermão *The Wide-Open Mouth Filled* (A boca escancarada é cheia), pregado na Conferência da Escola de Pastores, em 7 de abril de 1876.

# Minhas reflexões

# Dia 82

## Salmo 82

Deus preside a assembleia dos céus; no meio dos seres celestiais, anuncia seu julgamento: "Até quando tomarão decisões injustas que favoreçam a causa dos perversos?" —*Salmo 82:1,2*

---

Deus é o supervisor, que, do seu ponto de vista, vê tudo que é feito pelos ilustres da Terra. Quando eles se assentam em tribunal, o Senhor se posiciona em um nível acima, pronto para lidar com eles caso pervertam o julgamento. Os juízes serão julgados e a justiça lhes será aplicada. Os juízes das cidades e os magistrados do país fariam bem em lembrar-se disso. Alguns deles precisariam ir à escola, a Asafe, até dominarem este salmo. Suas decisões ásperas e julgamentos estranhos são feitos na presença daquele que, certamente, os visitará por todo ato impróprio, porque Ele não considera o cargo de uma pessoa e é o defensor dos pobres e necessitados. Uma autoridade superior criticará a decisão de sessões mesquinhas, e até mesmo os julgamentos de nossos juízes mais imparciais serão revisados pelo Supremo Tribunal do Céu. Ele julga entre os deuses. Eles são deuses para outros homens, mas, para eles, Ele é DEUS. Ele lhes empresta o Seu nome, e essa é a autoridade deles para atuarem como juízes, mas eles precisam cuidar de não usar mal o poder que lhes foi confiado, porque o Juiz dos juízes está em sessão entre eles. Os nossos juízes subalternos não passam de juízes insignificantes e, algum dia, seus irmãos que administram a lei comum serão julgados pela lei comum.

---

Extraído de *The Treasury of David* (O tesouro de Davi), Salmo 82.

# Minhas reflexões

## Dia 83

## Salmo 83

Ó Deus, não fiques em silêncio! Não feches os ouvidos e não permaneças calado, ó Deus! Não ouves o tumulto de teus adversários? Não vês que teus inimigos te desafiam? Tramam com astúcia contra o teu povo; conspiram contra os teus protegidos. —*Salmo 83:1-3*

---

Eles são os protegidos de Deus porque Ele lhes dá tranquilidade e paz, mesmo em meio a turbulências e tristezas. O salmista parece dizer: "Os Teus inimigos causam tumulto, mas os Teus ocultos estão tranquilos". [...] Há verdes pastos e riachos tranquilos, mas eu acredito que eles se encontrem principalmente nos lugares onde as provações abundam; ali há consolo em abundância. Não consigo imaginar que um homem conheça as profundezas da serenidade de Deus se não houver sido grandemente provado. Há lugares maravilhosos que ninguém conhecerá, exceto os protegidos pelo Senhor no momento de tempestade e angústia. Ó, a contenda das línguas, o interminável murmúrio da calúnia! Que bênção não o ouvir – ou ouvi-lo como um surdo, que não escuta. Ó, o ruído da deturpação! Ó, onda após onda de problemas reais que podem atingi-lo nos negócios ou no círculo doméstico! Que alegria é apenas ser mantido fora de tudo isso como Noé na arca, todo o mundo afogado, mas você resguardado em segurança! E lembre-se de que, quanto mais profundas as águas se tornavam, mais elevado Noé subia em direção ao Céu; assim será com você.

---

Extraído do sermão *God's Hidden Ones* (Os protegidos de Deus), pregado no Metropolitan Tabernacle, Newington, 8 de abril de 1888.

## Minhas reflexões

**Dia 84**

## Salmo 84

Até o pardal encontra um lar, e a andorinha faz um ninho e cria seus filhotes perto do teu altar, ó Senhor dos Exércitos, meu Rei e meu Deus! Como são felizes os que habitam em tua casa, sempre cantando louvores a ti! —*Salmo 84:3,4*

---

Esses passarinhos, tão insignificantes em si mesmos, eram cheios de santa coragem e, com doce familiaridade, chegavam a entrar no lugar sagrado. Eles se penduravam nos beirais da casa de Deus – até ousavam fazer seus ninhos lá! – "Torna-me bendito como os pardais, para habitar onde eu amo!" Ó meu Senhor, dá-me o privilégio da andorinha – de não somente habitar contigo, mas ver também os meus filhos por todos os lados dos Teus altares, para que eu ache em ti, meu Deus, um ninho onde possa pôr os meus pequenos! Não é este o seu desejo, meu irmão, minha irmã – ter Deus para si mesmo, Deus para seus filhos e Deus para suas filhas, ser você mesmo servo de Deus, e todos os seus filhos também filhos dele? Se assim for, Deus lhe conceda o desejo do seu coração! Quão docemente Davi se dirige ao Senhor – "Ó Senhor dos exércitos, meu Rei e meu Deus!" O povo de Deus gosta muito de usar os "meus" – eles amam pronomes possessivos – "meu Rei e meu Deus". Deus é bom, porém que é, para mim, o Deus de outro homem se não é meu? Eu preciso tê-lo como meu Rei e meu Deus; caso contrário, não ansiarei realmente por Ele, nem clamarei por Ele, nem me deleitarei nele.

---

Extraído da exposição seguinte ao sermão *Grace and Glory* (Graça e glória), pregado no Metropolitan Tabernacle, Newington, 17 de maio de 1885.

## Minhas reflexões

# Dia 85

## Salmo 85

SENHOR, abençoaste a tua terra; restauraste a condição de Israel. Perdoaste a culpa do teu povo; cobriste todos os seus pecados. —*Salmo 85:1,2*

---

Sempre que você estiver mental ou emocionalmente triste, lembre-se das benignidades de Deus em dias passados. Lembre-se do registro do que Ele fez pelo Seu povo em eras passadas, pois Ele é o mesmo Deus para todo o sempre e, portanto, o que Ele fez no passado, fará no futuro. Como disse o sábio: "O que foi feito antes será feito outra vez. Nada debaixo do sol é realmente novo". Certamente, isso é muito concernente ao agir de Deus! "Senhor, abençoaste a tua terra", mesmo quando ela estava manchada pelo pecado; "restauraste a condição de Israel". Mesmo quando aquele cativeiro foi trazido sobre o povo por sua própria culpa. Senhor, traze-me de volta do meu cativeiro! Sê favorável a mim! Livra-me das minhas decadências espirituais e devolve-me minha alegria e minha paz.

---

Extraído da exposição em seguida ao sermão *Return Unto Your Rest* (Volte ao seu descanso) pregado no Metropolitan Tabernacle, Newington, em 7 de setembro de 1879.

*Minhas reflexões*

# Dia 86

## Salmo 86

Olha para cá e tem compaixão de mim! Dá tua força a teu servo; sim, salva teu humilde servo. Mostra-me um sinal do teu favor; então serão envergonhados os que me odeiam, pois tu, Senhor, me ajudas e me consolas. —*Salmo 86:16,17*

---

Era um sinal de Deus, veja bem, e um sinal inteiramente segundo a Sua vontade. Nunca se esqueça de que era um sinal pedido com fé, não com incredulidade, porque nisso há uma grande diferença. Caros irmãos e irmãs, nós não temos o direito de dizer "Meu Deus, eu crerei em ti se tu me deres um sinal; caso contrário, continuarei hesitando na incredulidade", porque, em bom português, isso significa: "Considerarei que tu és falso se não me mostrares um sinal segundo a minha vontade". Sendo Deus verdadeiro, você é obrigado a crer nele, quer Ele lhe dê um sinal, quer não! E você não tem permissão para basear a sua fé em condições inventadas por você mesmo. Ele lhe conceder, ou não, um sinal precisa ser conforme a Sua própria vontade. Ele pode dar ou reter como bem entender, mas você é obrigado a crer nele, uma vez que todo homem é obrigado a crer na verdade do Senhor. Deus nunca foi falso para com você! Portanto, você não tem motivo algum para duvidar dele. Se Ele lhe conceder luz, seja grato, mas, como Seu filho, você é obrigado a confiar nele mesmo no escuro.

---

Extraído do sermão *Tokens for God* (Sinais de Deus), pregado no Metropolitan Tabernacle, Newington.

## Minhas reflexões

# Dia 87

## *Salmo* 87

A respeito de Jerusalém se dirá: "Ali todos desfrutam os direitos de cidadãos", e o próprio Altíssimo abençoará a cidade. Quando o SENHOR registrar as nações, dirá: "Ali todos se tornaram seus cidadãos!". —*Salmo 87:5,6*

---

Não somente como nações, mas um a um, individualmente, os cidadãos da Nova Jerusalém serão contados e seus nomes serão declarados publicamente. Homem por homem, o Senhor os contará, porque cada um deles é precioso aos Seus olhos; o indivíduo não estará perdido na massa: cada um terá grande importância. Um homem, certificar que nasceu em Sião é uma patente de nobreza; os nascidos duas vezes são sacerdócio real, a verdadeira aristocracia, a raça imperial dos homens. Usando a palavra mais nobre para homem, o original sugere que muitos homens notáveis nascerão na Igreja; de fato, todo homem renovado à imagem de Cristo é um personagem eminente, embora haja alguns que, mesmo aos olhos obscurecidos do mundo, resplandeçam com um brilho de caráter que só pode ser admitido como incomum e admirável. O rol da Igreja tem nomes ilustres de profetas, apóstolos, mártires, confessos, reformadores, missionários e outros semelhantes, que se comparam aos nomes mais célebres honrados pelo mundo; não – em muitos aspectos, eles os superam em muito. Sião não tem motivo para se envergonhar de seus filhos; nem seus filhos, para se envergonharem dela.

---

Extraído de *The Treasury of David* (O tesouro de Davi), Salmo 87.

## Minhas reflexões

**Dia 88**

# *Salmo* 88

Ó Senhor, Deus de minha salvação, clamo a ti de dia, venho a ti de noite. Agora, ouve minha oração; escuta meu clamor. —*Salmo 88:1,2*

---

O salmista diz que chorava dia e noite diante de Deus. Isso faz uma maravilhosa diferença na oração! Orar não é assobiar aos ventos; é chorar diante de Deus – falar com Deus! Você não pode vê-lo, mas Ele está lá! Então, conte a Ele o seu caso. Você não consegue ouvir os Seus passos para lembrá-lo da Sua presença, mas Ele está lá; então, peça aquilo de que você necessita – trate diretamente com Deus! Lembre-se do que Paulo escreveu aos hebreus: "Quem deseja se aproximar de Deus deve crer que ele existe e que recompensa aqueles que o buscam". Creia que Deus existe e que Ele ouve a oração, e você descobrirá por sua própria experiência que é assim! Desafio qualquer homem a pôr isso à prova e ver se não descobre que é como eu digo. Ainda não houve quem buscasse a Deus e voltasse de mãos vazias! Pobre alma cambaleante, achegue-se ao seu Deus!

---

Extraído do sermão *Heman's Sorrowful Psalm* (O aflito salmo de Hemã), pregado no Metropolitan Tabernacle, Newington, em 25 de setembro 1887.

## Minhas reflexões

## Dia 89

## Salmo 89

Feliz é o povo que ouve o alegre chamado para adorar, pois andará na luz de tua presença, SENHOR. O dia todo eles se alegram em teu nome e exultam em tua justiça. Tu és a força gloriosa deles; é do teu agrado nos fortalecer. —*Salmo 89:15-17*

---

Muitas pessoas o ouvem, mas talvez menos de uma em cada mil realmente o conheça. Ouvir o alegre chamado não é suficiente para tornar as pessoas abençoadas; embora a fé venha pelo ouvir – ela é a compreensão do significado das boas-novas –, o que traz felicidade imediata e eterna é receber a mensagem do evangelho! O efeito prático de um conhecimento salvador do evangelho é uma caminhada santa, uma caminhada de comunhão com Deus! Caros amigos, vocês caminham dessa maneira? Conhecem o alegre chamado? São capazes de discernir a diferença entre o verdadeiro e o falso evangelho? Conseguem distinguir o contraste entre as harmonias de um e as dissonâncias do outro? Você conhece o segredo íntimo da música celestial? Alguma vez ela vibrou em sua própria alma? Feliz é você se isso o descreve!

---

Extraído da exposição seguinte ao sermão *Unparalleled Lovingkindnesses* (A bondade amorosa sem paralelo), pregado em New Park Street Chapel, Southwark, em 17 de novembro de 1863.

*Minhas reflexões*

**Dia 90**

## *Salmo* 90

Ajuda-nos a entender como a vida é breve, para que vivamos com sabedoria. Satisfaze-nos a cada manhã com o teu amor, para que cantemos de alegria até o final da vida. Dá-nos alegria proporcional aos dias de aflição; compensa-nos pelos anos em que sofremos. —*Salmo 90:12,14,15*

---

Conte quantos dias se passaram. Esse tempo não terá sido suficiente para havermos feito a vontade da carne? Você é incapaz de dizer quão poucos restam, mas, ainda assim, se você viver até o período mais longo da vida – tomando como certo aquilo que você não tem como garantir –, quão pouco resta! Ó, se pudéssemos, pelo breve tempo de vida, ser levados a aplicar nosso coração à sabedoria, de modo a vivermos sabiamente! E qual é a melhor maneira de viver sabiamente senão viver em Cristo e viver para Deus?

---

Extraído da exposição seguinte ao sermão *Brief Life is Here Our Portion* (Nossa porção aqui é a vida breve), pregado no Metropolitan Tabernacle, Newington.

## Minhas reflexões

## Dia 91

# Salmo 91

Aquele que habita no abrigo do Altíssimo encontrará descanso à sombra do Todo-poderoso. Isto eu declaro a respeito do Senhor: ele é meu refúgio, meu lugar seguro, ele é meu Deus e nele confio. —*Salmo 91:1,2*

---

O cerne da questão está em "Meu Deus" significar que nós nos apropriamos dele. Por um ousado ato de fé, nós o tomamos como sendo, de agora em diante, Deus para nós; e tudo que Ele é tomamos como nosso para todo o sempre. Podemos fazer isso? Irmãos e irmãs, nós podemos fazer isso? Ah, sim, apropriar-se da fé é garantido na aliança, pois ela se estabelece assim: "Serei o seu Deus, e eles serão o meu povo". Isso é justificado também pela ação de Deus; afinal, Ele não deu o Seu Filho? E, quando entregou o Seu Filho para nos redimir, Ele poderia reter algo de nós? Naquele ato, Ele nos deu virtualmente a si mesmo, pois Cristo está no Pai e o Pai está nele, e quem recebeu Jesus recebeu o Pai! Diga "Meu Salvador" e você não precisará ter medo de dizer "Meu Deus". Além disso, não apenas a aliança o garante, e o ato de Deus o justifica, mas também o testemunho do Espírito em nosso interior nos ensinou que temos o direito de dizer "Meu Deus".

---

Extraído do sermão *My God* (Meu Deus), pregado no Metropolitan Tabernacle, Newington, em 30 de março de 1876.

## Minhas reflexões

**Dia 92**

# Salmo 92

É bom dar graças ao SENHOR e cantar louvores ao Altíssimo. É bom proclamar de manhã o teu amor e, de noite, a tua fidelidade... —*Salmo 92:1,2*

---

Comece o dia proclamando o amor do Senhor. Foi o Seu amor que cuidou de você quando você estava inconsciente e indefeso – e, portanto, incapaz de proteger-se. Foi o Seu amor que abriu a cortina da noite, que tocou as suas pálpebras, despertou-o daquele sono que era a imagem da morte e ordenou que você olhasse para o sol nascente. Portanto, pegue a chave da manhã para abrir o dia – e que ela seja a chave de ouro do louvor! Proclame o amor do Senhor pela manhã. E, quando a noite voltar, cantemos então a fidelidade de Deus. Nós a experimentamos ao longo de outro dia, louvemo-lo por isso. Agora vemos como Ele foi paciente conosco, nos perdoou, nos preservou, supriu as nossas necessidades e continuou a nos ensinar ao longo de mais um dia. Portanto, louvemos e bendigamos o Seu santo nome e, assim, encerremos o dia e nos comprometamos a dormir novamente sob a Sua divina proteção.

---

Extraído da exposição seguinte ao sermão *God's Hand at Evening* (A mão de Deus à noite), pregado no Metropolitan Tabernacle, Newington, em 15 de fevereiro de 1866.

*Minhas reflexões*

## Dia 93

## Salmo 93

Mais poderoso que o estrondo dos mares, mais poderoso que as ondas que rebentam na praia, mais poderoso que tudo isso é o SENHOR nas alturas. Teus preceitos soberanos não podem ser alterados; teu reino, SENHOR, é santo para todo o sempre! —*Salmo 93:4,5*

---

Assim como na providência o trono de Deus está estabelecido além de todo risco, também na revelação a Sua verdade está fora de questão. Outros ensinamentos são incertos, mas as revelações do Céu são infalíveis. Assim como as rochas permanecem imóveis em meio à turbulência do mar, também a verdade divina resiste a todas as correntes da opinião do homem e às tempestades da controvérsia humana; ela não apenas é certa, mas muito certa. Glória a Deus por não termos sido iludidos por uma fábula astuciosamente inventada: a nossa fé está fundamentada na verdade eterna do Altíssimo. A santidade se torna a tua casa para sempre, ó Senhor. A verdade não muda em suas doutrinas, que são muito certas, nem a santidade em seus preceitos, que são incorruptíveis. O ensino e o caráter de Deus são inalterados. Deus não admitiu que o mal habitasse com Ele, não o toleraria em Sua casa; Ele é eternamente o seu inimigo e, para sempre, o amigo jurado da santidade. A Igreja precisa permanecer inalterada e ser eternamente santidade para o Senhor; sim, seu Rei a preservará sem ser corrompida pelo pé do intruso.

---

Extraído de *The Treasury of David* (O tesouro de Davi), Salmo 93.

*Minhas reflexões*

# Dia 94

## Salmo 94

Feliz é aquele a quem disciplinas, Senhor, aquele a quem ensinas tua lei. Tu lhe dás alívio em tempos de aflição, até que se abra uma cova para os perversos. Pois o Senhor não rejeitará seu povo; não abandonará os que lhe pertencem. —*Salmo 94:12-14*

---

Atualmente, as virtudes tranquilas não são tão valorizadas quanto deveriam. Os homens estão sempre ocupados – precisam estar sempre em agitação –, mas bendito é o homem ensinado pelo livro e pela vara que chega a um santo quietismo e aprende a descansar! O homem (ou a mulher) mais descansado é o melhor trabalhador. Quem sabe sentar-se aos pés de Jesus sabe como trabalhar para Ele melhor do que se estivesse continuamente correndo para lá e para cá e se sobrecarregando com muito serviço. Nós nunca aprendemos o segredo desse descanso somente pelo livro ou somente pelo cajado – o cajado e o livro juntos nos ensinam a descansar nos dias de adversidade. Eles nos ensinam a não expormos demais o presente ao coração, a não nos preocuparmos pelo modo como as coisas são hoje, e sim a pensar acerca de como será no dia quando os justos serão recompensados e o Poderoso caçador terá aprisionado o Seu e nosso adversário – quando a cova for cavada para os perversos e o poder de Satanás for destruído eternamente!

---

Extraído da exposição seguinte ao sermão *The Sealed Hand — A Winter Sermon* (A mão selada — Um sermão de inverno), pregado no Metropolitan Tabernacle, Newington.

## Minhas reflexões

**Dia 95**

## Salmo 95

O mar é dele, pois ele o criou; suas mãos formaram a terra firme. Venham, vamos adorar e nos prostrar, vamos nos ajoelhar diante do SENHOR, nosso Criador, pois ele é o nosso Deus... —*Salmo 95:5-7*

---

Pouco tempo atrás, um pastor cristão que rumava à América estava andando no convés com um cavalheiro que se dizia ser ateu. Era uma noite muito ruim, e o navio teve de avançar a todo vapor contra um vento forte. Teria sido fatal deixá-lo à deriva. O capitão disse: "Não podemos fazer turnos, precisamos seguir em frente e, se colidirmos com um iceberg, será o nosso fim". Ao ouvir isso, nosso amigo, que cria em Deus, disse que iria dormir; seu companheiro declarou que não conseguia pensar em fazer algo assim, que não gostaria de morrer dormindo e, assim, andaria pelo convés, por mais difícil que fosse fazer isso. Durante toda a noite, aquele que não cria em Deus ficou frio e molhado em vigília, afligindo-se e preocupando-se, porque tinha medo de morrer, enquanto meu amigo dormiu docemente e se levantou pela manhã revigorado como uma cotovia. Chegando ao convés, ele abordou o filósofo "Quê? Você não se recolheu?" "Não, não." Ele estava abatido, infeliz. "Ora", disse o crente, "eu confio em meu Pai celestial, adormeci e me sinto bastante revigorado. Que bem lhe fez ficar aqui?" O outro disse: "Devo confessar que vocês, crentes, têm o melhor quando estão no mar". Sim, e com certeza temos o melhor também em terra. Nós temos o melhor na saúde, na doença e na morte e teremos o melhor eternamente.

---

Extraído do sermão *The Sea! The Sea! The Wide and Open Sea!* (O mar! O mar! O mar amplo e aberto!), pregado no Metropolitan Tabernacle, Newington.

*Minhas reflexões*

**Dia 96**

# Salmo 96

Cantem ao Senhor um cântico novo! Toda a terra cante ao Senhor! Cantem ao Senhor e louvem o seu nome; proclamem todos os dias a sua salvação. Anunciem a sua glória entre as nações, contem a todos as suas maravilhas. —*Salmo 96:1-3*

---

E, se você quiser cantar para o Senhor, permita-me recomendar que tempere a sua boca com as doutrinas do evangelho que têm mais sabor da graça imerecida e gratuita. Qualquer outra forma de teologia nos tentaria, mais ou menos, a cantar louvores a homens. A gratidão é plena quando descobrimos que a salvação vem somente do Senhor, e que a misericórdia é divinamente gratuita. Quem ouviu o eco daquele terrível trovão "terei misericórdia de quem eu quiser, e mostrarei compaixão a quem eu quiser" aprenderá a regozijar-se com tremores, a cantar com profundo sentimento e a adorar, com a mais humilde reverência, ao grande Supremo a quem pertencem o poder e a majestade, e de quem fluem graça e bondade! Conselhos e presunções humanos afundam em insignificância, porque pensamentos de benignidade e atos de renome pertencem somente ao Senhor!

---

Extraído do sermão *The New Song, and The Old Story* (O novo cântico e a velha história), pregado no Metropolitan Tabernacle, Newington.

## Minhas reflexões

## Dia 97

# *Salmo* 97

O Senhor reina! Alegre-se a terra, exultem os litorais mais distantes. Nuvens escuras o cercam; justiça e retidão são a base de seu trono. —*Salmo 97:1,2*

---

Esta é a expressão-chave do salmo – o Senhor reina. Ela é, também, a essência da proclamação do evangelho e o fundamento do Reino mencionado no evangelho. Jesus veio, e todo o poder é dado a Ele no Céu e na Terra; portanto, os homens são convidados a render-lhe sua fé obediente. Os santos se consolam com essas palavras, e somente os rebeldes as sofismam. Alegre-se a Terra, porque há motivo para alegria. Outros reinos produziram injustiça, opressão, derramamento de sangue, terror; o reino do infinitamente gracioso Jeová é a esperança da humanidade e, quando todos se renderem a Ele, a raça terá seu paraíso restaurado. A própria Terra poderá muito bem se alegrar por seu Criador e soberano Senhor haver vindo aos que são Seus, e toda a raça humana também se alegrará, porque Jesus traz bênçãos incalculáveis a todo indivíduo disposto. Exultem as incontáveis e distantes ilhas.

---

Extraído de *The Treasury of David* (O tesouro de Davi), Salmo 97.

## Minhas reflexões

## Dia 98

## Salmo 98

Cantem ao SENHOR um cântico novo, pois ele fez maravilhas; sua mão direita e seu braço santo conquistaram a vitória! O SENHOR anunciou seu poder de salvar e revelou sua justiça às nações. —*Salmo 98:1,2*

---

O homem não é mencionado. Aqui não aparece os nomes de Moisés, dos profetas ou dos apóstolos. Eu não li os nomes de Crisóstomo e Agostinho, nem os dos modernos patriarcas da Igreja, como Calvino e Zwínglio – as estrelas se perdem sob a chama do Sol! Ó Deus, quão gloriosa é a Tua mão direita e como os Teus discípulos, Teus filhos, escondem a cabeça e dizem: "Não a nós, SENHOR, não a nós, mas ao teu nome dá glória"! Observe, porém, amado, que eles não serem mencionados não se deve a precisar ser evitada a menção, porque, quanto mais falamos de instrumentalidades, ou melhor, pensamos nelas – (não digo quanto mais pensamos delas, mas quanto mais pensamos sobre elas) –, mais persuadidos ficaremos de que só contribui para a glória de Deus usar os homens – porque os homens são ferramentas muito ruins para trabalhar! [...] Todos os atributos de Deus, Sua insondável grandeza e Sua incomparável majestade, Sua graça, Seu poder, Suas verdades, Sua justiça, Sua santidade, Sua imutabilidade brilharão com resplendor! Suas obras maravilhosas e Seus atos terríveis declararão o Seu louvor; eles serão o tema de toda língua e o tópico de toda conversa.

---

Extraído do sermão *The New Song* (Um cântico novo), pregado no Metropolitan Tabernacle, Newington, em 28 de dezembro de 1862.

## Minhas reflexões

# Dia 99

## Salmo 99

Da coluna de nuvem lhes falava, e eles seguiam os preceitos e os decretos que ele lhes dava. Ó Senhor, nosso Deus, tu lhes respondias; eras para eles Deus perdoador, mas os castigavas quando se desviavam. Exaltem o Senhor, nosso Deus, e prostrem-se em seu santo monte, pois o Senhor, nosso Deus, é santo! —*Salmo 99:7-9*

---

O agradável título "Senhor, nosso Deus" é usado uma segunda vez e rapidamente seguido por uma terceira. Toda a estrutura do salmo é trinitária. Em cada uma de suas sagradas pessoas, o Senhor é o Deus de Seu povo; o Pai é nosso, o Filho é nosso e o Espírito Santo é nosso: exaltemo-lo com todos os nossos poderes redimidos. E adoremo-lo em Seu santo monte. Sirvamo-nos de onde Ele designa o Seu templo. Agora, nenhuma área de solo é cercada como peculiarmente santa ou deve ser considerada mais sagrada do que outra; contudo, Sua Igreja visível é o Seu monte escolhido, e ali nós seremos encontrados, contados com o Seu povo, e nos uniremos a Ele na adoração, porque o Senhor, nosso Deus, é santo. Mais uma vez, essa descrição devota é repetida e tornada o ápice da canção. Ó, que os corações sejam puros em seu interior, para que possamos perceber corretamente e louvar dignamente a infinita perfeição do Senhor Triúno.

---

Extraído de *The Treasury of David* (O tesouro de Davi), Salmo 99.

# Minhas reflexões

# Dia 100

## *Salmo* 100

Reconheçam que o Senhor é Deus! Ele nos criou e a ele pertencemos; somos seu povo, o rebanho que ele pastoreia. Entrem por suas portas com ações de graças e, em seus pátios, com cânticos de louvor; deem-lhe graças e louvem o seu nome. Pois o Senhor é bom! Seu amor dura para sempre, e sua fidelidade, por todas as gerações. —*Salmo 100:3-5*

---

Devido ao Senhor ser Deus, devemos servi-lo com alegria e nos apresentar diante de Sua presença com cânticos. Foi nesse ponto que Deus testou Faraó, e este pode ser considerado uma espécie de representante de todos os inimigos do Senhor. "Assim diz o Senhor, o Deus dos hebreus: Deixe meu povo sair". Nenhum motivo foi citado, nenhum argumento foi apresentado, além deste: "Assim diz o Senhor" – ao que Faraó, apreciando totalmente o terreno em que Deus estava agindo, respondeu: "Quem é o Senhor? Por que devo dar ouvidos a ele?". Então, eles se defrontaram em franca batalha, Jeová dizendo: "Assim diz o Senhor, o Deus dos hebreus: Deixe meu povo sair" e Faraó respondendo "Não conheço o Senhor e não deixarei Israel sair". Você sabe como aquela batalha terminou! Aquele cântico de Israel no mar Vermelho, quando o Senhor dos exércitos triunfou gloriosamente, foi uma profecia da vitória que, certamente, Deus terá em todos os conflitos com Suas criaturas nos quais Seu eterno poder e divindade são atacados!

---

Extraído do sermão *The Claims of God* (As reivindicações de Deus), pregado no Metropolitan Tabernacle, Newington, em 11 de outubro de 1874.

# Minhas reflexões

## Dia 101

# Salmo 101

Irei à procura dos fiéis para conviverem comigo. Só terão permissão de me servir os que andam no caminho certo. —*Salmo 101:6*

---

Davi será rei e essas são as resoluções tomadas por ele antes de subir ao trono. Ele pretendia reunir os melhores homens do país, cuidar deles e lhes dar cargos em sua corte, para que pudesse fazer bem seu trabalho de ter seu povo julgado por homens sábios e justos, e todos os assuntos de estado serem administrados por homens fiéis a Deus. Era muito adequado ele fazer isso. Eu gostaria que aqueles que não são reis, mas são colocados em alguma posição de influência, tivessem seus olhares sobre os fiéis da Terra. Bons homens devem apadrinhar bons homens; quem detém esse poder deve, até o máximo de sua capacidade, promover homens sabidamente retos, fiéis e graciosos.

---

Extraído do sermão *The King and His Court* (O Rei e Sua corte), pregado no Metropolitan Tabernacle, Newington, em 11 de março de 1888.

*Minhas reflexões*

**Dia 102**

## *Salmo* 102

Contem-lhes que o SENHOR olhou para baixo, de seu santuário celeste. Do alto olhou para a terra, para ouvir o gemido dos prisioneiros, para libertar os condenados à morte. —*Salmo 102:19,20*

---

Pense por um momento como deve ser a onisciência concentrada; cada pessoa observada tão intimamente por Deus como se não houvesse outra para Ele olhar; como se ela fosse o único objeto do pensamento do Altíssimo, como se Ele tivesse esquecido todo o restante do Universo! Esse é, realmente, o princípio do que somos aqui ensinados. Deus o observa o tempo todo, pobre alma, como se Ele não tivesse outra pessoa para observar. Ele o compreende tão plenamente como se não houvesse outra pessoa para ser compreendida. Inclina-se sobre você para melhor visualizá-lo, trazendo todas as Suas infinitas faculdades para tratar do seu caso, analisando você de cima a baixo: a origem de sua tristeza, as ramificações de sua dor, planejando o resultado de toda a questão, de quais bálsamos e antídotos você necessita para curar as suas feridas e esconjurar as suas angústias!

---

Extraído do sermão *Gratitude for Great Deliverances* (Gratidão por grandes libertações), pregado no Metropolitan Tabernacle, Newington, em 29 de outubro de 1874.

# Minhas reflexões

# Dia 103

## Salmo 103

[O Senhor] enche minha vida de coisas boas; minha juventude é renovada como a águia! O Senhor faz justiça e defende a causa dos oprimidos. —*Salmo 103:5,6*

---

Há pouco tempo, você estava no chão, com todas as suas penas espalhadas, mas elas cresceram novamente e você voltou a voar. Sua juventude lhe foi restituída; portanto, renove os seus louvores ao seu Deus; com o orvalho da sua juventude restaurado, deixe o orvalho da sua gratidão também abundar. Quem não bendiria o Senhor ao conhecer a bênção de ter seus pecados perdoados, um espírito ferido sarado, a vida resgatada da destruição, a juventude renovada como a da águia, e todo o ser coroado com benignidade e ternas misericórdias?

---

Extraído da exposição seguinte ao sermão *A fear to be desired* (Um temor a ser desejado), pregado no Metropolitan Tabernacle, Newington, em 7 de novembro de 1878.

*Minhas reflexões*

**Dia 104**

## *Salmo* 104

Todos dependem de ti para lhes proveres o alimento de que necessitam. Quando tu lhes dás, eles o recolhem; abres a mão para alimentá-los, e eles ficam satisfeitos. —*Salmo 104:27,28*

---

Concernente às coisas temporais, Deus continuamente nos dá o nosso pão de casa dia; a nossa tarefa é simplesmente recolhê-lo. No deserto, dia a dia, o maná caía fora do acampamento de Israel – eles não tinham de fazer o maná, e sim sair pela manhã e recolhê-lo antes de o sol estar a pico. A Providência garantiu ao filho de Deus o alimento necessário. "Terão provisão de alimento e não lhes faltará água". Nossa parte no negócio é sair para o trabalho e recolhê-lo. É verdade que, em alguns casos, o alimento necessário não é colhido sem trabalho excessivo, mas isso é ocasionado pela injustiça do homem – não pelos desígnios de Deus. E, quando a verdadeira religião impactar plenamente todas as classes da humanidade, ninguém precisará trabalhar como escravo. Só será necessário realizar uma quantidade de tarefas saudável e suportável. Quando ninguém oprimir o seu próximo, o trabalho de recolher o que Deus concede não será uma dificuldade, e sim um exercício saudável! O suor do trabalho será, então, um remédio bendito.

---

Extraído do sermão *Commissariat of the Universe* (O Comissariado do Universo), pregado no Metropolitan Tabernacle, Newington.

## Minhas reflexões

**Dia 105**

## Salmo 105

O Senhor pôs José à prova, até chegar a hora de cumprir sua palavra. O faraó mandou chamar José e o libertou; o governante de nações lhe abriu a porta da prisão. José foi encarregado do palácio real e se tornou administrador de todos os seus bens. —*Salmo 105:19-21*

---

O percurso para José se tornar primeiro-ministro do Egito passava pela prisão – o caminho para todas as verdadeiras honras é difícil. Então, caro amigo, se Deus lhe conceder um dom ou honra, espere, pois Ele pretende testá-lo! Tal reflexão atenuará a sua exultação e impedirá que ela se degenere em soberba, e o ajudará a cingir os lombos de sua mente e a permanecer sóbrio, preparado para o que o espera. Considere talentos, honras e esperanças elevadas de eminente utilidade como sinais de tribulações inevitáveis; não se parabenize e cante "Alma, relaxe! Você é feliz por possuir dons especiais", e sim prepare-se para fazer o trabalho vitalício para o qual você é chamado. Você é favorecido pelo Senhor, mas não busque a felicidade da facilidade, da satisfação carnal e da aprovação humana, porque "Feliz é aquele que suporta com paciência as provações e tentações, porque depois receberá a coroa da vida que Deus prometeu àqueles que o amam".

---

Extraído do sermão *Trial by the Word* (Provação pela Palavra), pregado no Metropolitan Tabernacle, Newington, em 6 de fevereiro de 1876.

# Minhas reflexões

## Dia 106

## Salmo 106

Muitas vezes os livrou, mas escolheram se rebelar contra ele; por fim, seu pecado os destruiu. Ainda assim, ele viu a aflição do povo e ouviu seus clamores. Lembrou-se de sua aliança com eles e teve compaixão por causa do seu grande amor. —*Salmo 106:43-45*

---

"Lembrou-se de sua aliança com eles." O que essa palavra significa? Amado, é claro que a aliança está sempre presente na mente de Deus, porque o Deus infinitamente sábio não pode esquecer coisa alguma. Porém, o texto significa que Ele mantém a Sua aliança; Ele se lembra dela para fazer com que ela permaneça. Embora aquelas pessoas o houvessem provocado tão gravemente, Ele se lembra de Sua aliança de modo a encontrar nela uma razão para perdoar os pecados delas e lidar com elas de maneira misericordiosa. Ele provoca o encontro da infinitude dos pecados delas com a infinitude da Sua fidelidade – "Lembrou-se de sua aliança com eles". Ele se lembra dela de maneira prática, isto é, a põe em ação; neste caso, fez isso tendo compaixão "por causa do seu grande amor". Ele as havia ferido anteriormente, mas, agora, põe de lado a vara. Ele fez Seu povo despertar a piedade de todos os que o levaram cativo. Ele agiu para seu alívio e socorro. E é exatamente isso que Deus fará a você, meu amigo aflito, se você se voltar a Ele com choro, lágrimas e fé humilde e penitente.

---

Extraído do sermão *God's Remembrance of His Covenant* (Deus lembra de Sua aliança), pregado no Metropolitan Tabernacle, Newington, em 14 de fevereiro de 1886.

## Minhas reflexões

**Dia 107**

## *Salmo* 107

Eles vagavam pelo deserto, perdidos e sem lar. Famintos e sedentos, chegaram à beira da morte. Em sua aflição, clamaram ao Senhor, e ele os livrou de seus sofrimentos. —*Salmo 107:4-6*

---

Alguns de vocês sabem o que isso significa. Você perdeu o rumo. Não sabe como encontrá-lo. Espiritualmente, você está em um deserto e, se pudesse, iria à cidade de Jerusalém. Você chegaria ao coração de Deus, mas não consegue. Você não encontra uma cidade onde habitar – nada de paz – nada de descanso. Além disso, as suas necessidades espirituais são muito urgentes. Você está faminto e sedento, mas é um deserto e você não consegue encontrar uma porção de comida. Nenhum maná cai para você. A sua alma está prestes a desfalecer. Você se sente como que incapaz de dar outro passo ou procurar por mais alguns centímetros. Deitar-se e morrer é tudo que você pode fazer. Porém, os abutres estão no ar e você está com medo de desesperar-se. Você está sob forte pressão. Observe que é dito "clamaram ao Senhor, e ele os livrou de seus sofrimentos". Por que não fizeram isso antes? Porque os homens não começam a orar a Deus enquanto têm alguma outra esperança. Porém, quando toda a esperança se esvai, surge o primeiro clamor vivo e agonizante direcionado ao Céu; e, assim que é ouvido, Deus responde. "Ele os livrou de seus sofrimentos."

---

Extraído da exposição seguinte ao sermão *An Old-Fashioned Remedy* (Um remédio antigo), pregado no Metropolitan Tabernacle, Newington, 29 de outubro de 1876.

## Minhas reflexões

# Dia 108

## Salmo 108

Agora, livra teu povo amado; responde-nos e salva-nos por teu poder. Deus, em seu santuário, prometeu: "Com alegria dividirei Siquém e medirei o vale de Sucote..." —*Salmo 108:6,7*

---

Eu posso estar falando a um irmão que é provado de outra maneira. Você, caro amigo, não tem desfrutado dos meios da graça como costumava fazer. Você culpa a si mesmo pela mudança, e é correto e adequado fazê-lo. Você já não tem mais aquelas experiências felizes que já teve, nem usufrui de visitas tão abençoadas do seu Senhor como aproximadamente um ano atrás. Você sabe que a falha está em você; ainda assim, lembre-se de que a fé jamais depende de sensações e a nossa confiança nunca deve repousar em nossa condição interior – caso contrário, está sobre areia movediça. Porém, se esse for o seu caso, está na hora de você exercer fé e dizer: "Embora eu seja, por assim dizer, um pária e, neste momento, a Palavra do Senhor não esteja consolando o meu coração, 'Deus falou' e, pecador como sou, se não sou santo, confio no que Deus disse aos pecadores crentes e 'me alegrarei', muito embora pareça ser apenas um pária".

---

Extraído do sermão *God Hath Spoken! — Rejoice* (Deus falou! — Regozije-se), pregado no Metropolitan Tabernacle, Newington, em 12 de outubro de 1876.

## Minhas reflexões

## Dia 109

## Salmo 109

Ó Deus, a quem eu louvo, não permaneças calado, enquanto os perversos me caluniam e falam mentiras a meu respeito. Eles me cercam de palavras odiosas e me atacam sem motivo. Retribuem meu amor com acusações, mesmo enquanto oro por eles. —*Salmo 109:1-4*

---

Não te cales. Meus inimigos falam, agrada-te em falar também. Rompe o Teu silêncio solene e silencia aqueles que me caluniam. Esse é o clamor de um homem cuja confiança em Deus é profunda e cuja comunhão com Ele é muito íntima e ousada. Observe que ele apenas pede ao Senhor que fale: uma palavra de Deus é tudo o que um crente necessita. Ó Deus do meu louvor, tu, a quem toda a minha alma louva, agrada-te em proteger a minha honra e guardar o meu louvor. Ele disse no salmo anterior: "Meu coração está firme [...] cantarei louvores a ti" – e, agora, apela ao Deus a quem louvou. Se cuidarmos da honra de Deus, ele cuidará da nossa. Nós podemos buscá-lo como guardião do nosso caráter se realmente buscarmos a Sua glória. Se vivermos para o louvor de Deus, a longo prazo Ele nos louvará entre os homens.

---

Extraído de *The Treasury of David* (O tesouro de Davi), Salmo 109.

## Minhas reflexões

**Dia 110**

## Salmo 110

O SENHOR disse ao meu Senhor: "Sente-se no lugar de honra à minha direita, até que eu humilhe seus inimigos e os ponha debaixo de seus pés". O SENHOR estenderá seu reino poderoso desde Sião; você governará seus inimigos. Quando você for à guerra, seu povo o servirá de livre vontade. Você está envolto em vestes santas, e sua força será renovada a cada dia, como o orvalho da manhã. —*Salmo 110:1-3*

---

Meus caros amigos que servem ao Senhor Jesus, se Cristo tem sobre si o orvalho de Sua juventude, aspiremos mostrar ao mundo que nós também o temos. Nos tempos antigos, o orvalho da juventude de Cristo fez o Seu povo amá-lo tanto que estava pronto para morrer por Ele – eles deram a Ele toda a sua essência, viveram sem honra e estavam preparados para ter uma morte dolorosa. Agora, provemos ao mundo que o cristianismo não perdeu o seu antigo vigor, que na Terra ainda permanece a semente divina e que o braço da Igreja não está ressequido. Provemos ao mundo que, assim como santificou o Seu povo nos tempos antigos, Cristo santifica o Seu povo agora. E que, assim como a religião de Cristo fez homens devotados a Ele, zelosos pela Sua causa, os preparou para viver e os ajudou a morrer, pode fazê-lo também agora. Cabe a você e a mim provar ao mundo que a nossa religião não perdeu sua força, fazendo-os ver a sua influência em nossa vida diária! Imite o nobre exército de mártires, o glorioso exército de confessores! Procure viver como a excelente comunhão dos profetas e como a nobre companhia dos apóstolos!

---

Extraído do sermão *The Dew of Christ's Youth* (O orvalho da juventude de Cristo), pregado em New Park Street Chapel, Southwark, em 1859.

## Minhas reflexões

**Dia 111**

# Salmo 111

Ele nos faz recordar suas maravilhas; o Senhor é compassivo e misericordioso. Dá alimento aos que o temem, lembra-se sempre de sua aliança. —*Salmo 111:4,5*

---

O Senhor nunca se esqueceu da aliança que fez com Abraão. Frequentemente, quando poderia, de outro modo, haver destruído Israel, Ele se lembrou daquela aliança e desviou Sua ira. E você pensa que, algum dia, Ele se esquecerá da aliança que fez com Seu Filho unigênito, uma aliança assinada, selada e ratificada, "perfeita"; uma aliança confirmada pelo sacrifício de Seu Filho amado, assinada por Ele com Seu próprio sangue, e que deve permanecer firme para todo o sempre? Não, Deus não pode ser falso para com o Seu juramento! Ele não pode mentir! Ele precisa cumprir o que prometeu! "Alguma vez ele falou e não agiu?" Toda a história passada de nossa vida demonstra que Deus é fiel e o será até o fim. Eu jamais encontrei um filho de Deus cuja experiência não confirmasse a Sua fidelidade. "Você é minha testemunha", disse o Senhor. E, se Ele me chamasse ao banco das testemunhas, e posso dizer que, se Ele chamasse muitos de vocês, o seu testemunho seria muito direto, muito simples, muito claro, muito definitivo. Vocês diriam: "Ele mantém a Sua aliança eternamente". Ele não se esquece da promessa que fez a Davi e ao Senhor de Davi; portanto, avance com firme confiança nele. Não duvide, nem desanime, mas regozije-se nele e confie nele para sempre!

---

Extraído do sermão *Remembering God's Works* (Lembrando as obras de Deus), pregado no Metropolitan Tabernacle, Newington, em 4 de outubro de 1877.

*Minhas reflexões*

**Dia 112**

## *Salmo* 112

Feliz é o que empresta com generosidade e conduz seus negócios honestamente. Ele não será abalado; sua lembrança durará por muito tempo. Não teme más notícias; confia plenamente no cuidado do SENHOR. —*Salmo 112:5-7*

---

Eu lhe imploro: Se você quiser honrar a Deus, venha, seja corajoso. Certo homem de bem estava muito preocupado com uma perda nos negócios; sua esposa tentou confortá-lo, mas não conseguiu; porém, sendo uma mulher muito sábia, deixou o assunto de lado até a manhã seguinte. De manhã, ao descer as escadas, seu rosto parecia tão triste que o marido disse: "O que está acontecendo com você?". Ainda mantendo a fisionomia pesarosa, ela disse que um sonho a perturbara. "O que foi, minha querida? Você não deve deixar-se perturbar por sonhos", disse ele. "Ó", disse ela, "eu sonhei que Deus estava morto e isso era o motivo de tantos problemas, que todos os anjos estavam chorando no Céu e todos os santos da Terra estavam a ponto de ter o coração partido". Seu marido disse: "Não seja tola; você sabe que foi apenas um sonho". "Ah, mas pensar que Deus está morto!" – disse ela. Ele respondeu: "Você não deve sequer pensar em algo assim, porque Deus é imortal; Ele vive para sempre a fim de confortar o Seu povo". Instantaneamente, o rosto dela se iluminou e ela disse: "Eu pensei que levaria você a se repreender por ficar sonhando que Deus o abandonou, e agora você vê quão infundada é a sua tristeza. Enquanto Deus viver, Seu povo estará seguro."

---

Extraído do sermão *Heart's Ease* (O sossego para o coração), pregado no Metropolitan Tabernacle, Newington, em 27 de agosto de 1865.

## Minhas reflexões

**Dia 113**

## *Salmo* 113

Quem se compara ao Senhor, nosso Deus, entronizado nas alturas? Ele se inclina para ver o que acontece nos céus e na terra. Levanta do pó o necessitado e ergue do lixo o pobre. Coloca-os entre príncipes, entre os príncipes de seu povo. Dá uma família à mulher estéril e a torna uma mãe feliz. Louvado seja o Senhor! —*Salmo 113:5-9*

---

Nenhuma das metáforas e imagens pelas quais o Senhor é apresentado nas Escrituras pode nos dar uma ideia completa dele; Sua plena semelhança não é suportada por coisa alguma na Terra ou no Céu. Somente em Jesus a divindade é vista, por isso, sem hesitar Ele declarou: "Quem me vê, vê o Pai". Que mora nas alturas. Na altura de Sua morada, ninguém pode ser como Ele. Seu trono, todo o Seu caráter, Sua pessoa, Seu ser, tudo que se relaciona a Ele, é elevado e infinitamente majestoso, de modo que ninguém pode ser comparado a Ele. Sua mente serena habita na condição mais elevada, Ele nunca é desonrado, nem se inclina para uma condição inferior à pura santidade e absoluta perfeição de Seu caráter. Diz-se que Seus santos habitam no alto e, nisso, são o reflexo da Sua glória; mas, quanto a si mesmo, a altura de Sua morada supera o pensamento, e Ele se eleva muito acima do mais exaltado de Seu povo glorificado.

---

Extraído de *The Treasury of David* (O tesouro de Davi), Salmo 113.

## Minhas reflexões

**Dia 114**

## *Salmo* 114

O mar Vermelho os viu chegando e se abriu, e as águas do rio Jordão recuaram. Os montes saltaram como carneiros, e as colinas, como cordeiros. Que aconteceu, ó mar Vermelho, para que se abrisse? Que aconteceu, ó rio Jordão, para que recuasse? —*Salmo 114:3-5*

---

O que te afligiu, ó mar? Sentias terrível medo? A tua força te falhou? O teu coração secou? O que te afligiu, ó mar, que fugiste? Tu eras vizinho do poder do Faraó, mas nunca temeste os seus exércitos; vento tempestuoso nunca pôde prevalecer contra ti de modo a dividir-te em dois, mas, quando o caminho do Senhor esteve nas tuas grandes águas, foste tomado de susto e te tornaste um fugitivo de diante dele. Tu, Jordão, que recuaste? O que te afligiu, ó rio de rápida correnteza? As tuas fontes não haviam secado, nem se havia aberto um abismo para engolir-te! A aproximação de Israel e seu Deus foi suficiente para fazer-te retraçar os teus passos. O que assusta todos os nossos inimigos para que dispersem quando o Senhor está ao nosso lado? O que aflige o próprio inferno de modo a ter seu caminho totalmente traçado quando Jesus levanta um estandarte contra ele? "O medo tomou conta deles ali"; por medo dele, as pessoas de coração mais forte estremeceram e se tornaram como mortas.

---

Extraído de *The Treasury of David* (O tesouro de Davi), Salmo 114.

## Minhas reflexões

# Dia 115

## Salmo 115

Aqueles que fazem ídolos e neles confiam são exatamente iguais a eles. Ó Israel, confie no Senhor; ele é seu auxílio e seu escudo! —*Salmo 115:8,9*

---

Agora, irmãos, lembrem-se de que certa idolatria espiritual está muito em voga nos dias atuais. Certos "pensadores" – como se deleitam em assim se autodenominarem, cuja religião é conhecida como "pensamento moderno" – não aceitam o único Deus vivo e verdadeiro da maneira como Ele se revela no Antigo e no Novo Testamentos; em vez disso, transformam em deus aquilo que eles têm prazer em chamar de sua própria consciência. Verdadeiramente, seus ídolos são raciocínio e pensamento – a obra do cérebro humano. O deus deles não ouve oração, porque seria absurdo, dizem eles, supor que a oração possa ter qualquer efeito sobre a deidade. O deus deles tem pouca ou nenhuma consideração pela justiça; segundo eles, você pode viver como aprazer, porque, no fim, tudo dará certo. Eles mantêm a "enorme esperança" de que todos os ímpios serão restaurados ao favor de Deus; se fosse assim, também não restaria justiça alguma na face da Terra ou no Céu. Tudo isso é falso. Um deus que o homem pode compreender não é realmente deus. Um deus que eu poderia imaginar a partir do meu próprio cérebro não deve ser, necessariamente, um deus. Só pode existir o único Deus que nos é dado a conhecer por revelação divina.

---

Extraído da exposição seguinte ao sermão *Non Nobis, Domine!* (Não a nós, Senhor!), pregado no Metropolitan Tabernacle, Newington, em 16 de maio de 1878.

*Minhas reflexões*

## Dia 116

## Salmo 116

Volte, minha alma, a descansar, pois o Senhor lhe tem sido bom. Ele livrou minha alma da morte, meus olhos, das lágrimas, meus pés, da queda. Por isso, andarei na presença do Senhor enquanto viver aqui na terra. —*Salmo 116:7-9*

---

Ele acabou de orar "Livra minha alma" e recebeu a resposta de sua petição, pois diz: "livrou minha alma da morte". Ele nada havia dito acerca de seus olhos, mas Deus concede muito abundantemente mais do que pedimos ou pensamos. Ele nada disse acerca de seus pés, mas o Senhor lhe deu uma bênção também para eles – "[livrou] meus pés, da queda". Ó, uma bênção total, da cabeça aos pés – desde os olhos que jorram lágrimas até os pés que escorregam abaixo de nós –, uma bênção que começa no interior, libertando a alma, e depois atinge até o próprio semblante, tornando-o resplandecente de alegria e gratidão, e adentra à vida cotidiana, ajudando-nos a marchar corajosamente ao longo do caminho escorregadio! Glória a Deus por Ele ter dado essa libertação a muitos de nós!

---

Extraído da exposição seguinte ao sermão *Preparation Necessary for the Communion* (A necessária preparação para a comunhão), pregado na New Park Chapel, Southwark, no outono de 1857.

## Minhas reflexões

## Dia 117

## Salmo 117

Louvem o Senhor todas as nações; louvem-no todos os povos. Pois grande é o seu amor por nós; a fidelidade do Senhor dura para sempre. Louvado seja o Senhor! —*Salmo 117*

---

Em Cristo Jesus, Deus revelou misericórdia aliada a bondade, e isso no mais elevado grau. Todos nós podemos participar desse grato reconhecimento e do louvor que é, portanto, devido. E a verdade do Senhor dura para sempre. Ele cumpriu Sua promessa de aliança, de que, na semente de Abraão, seriam abençoadas todas as nações da Terra e cumprirá eternamente cada promessa dessa aliança para com todos os que depositarem sua confiança nele. Isso deve ser uma razão de louvor constante e grato e, por isso, o Salmo termina de maneira semelhante ao seu início: Louvado seja o Senhor.

---

Extraído de *The Treasury of David* (O tesouro de Davi), Salmo 117.

# Minhas reflexões

# Dia 118

## Salmo 118

Meus inimigos fizeram todo o possível para me derrubar, mas o Senhor me sustentou. O Senhor é minha força e meu cântico; ele é minha salvação. No acampamento dos justos há cânticos de alegria e vitória; a mão direita do Senhor realizou grandes feitos! A mão direita do Senhor se levanta em triunfo; a mão direita do Senhor realizou grandes feitos! —*Salmo 118:13-16*

---

Sustentou-me em quê? Bem, primeiramente, me ajudou a crer, porque era evidente que Davi havia confiado no Senhor e achado isso melhor do que confiar no homem. Satanás faz um ataque especial à nossa fé. Se pudesse destruí-la, haveria capturado a cidadela de nossa vida espiritual, mas isso ele não pode fazer. A fé é um filho querido do Espírito Santo e Aquele que gera a fé não a abandonará, e sim a manterá como a menina dos Seus olhos. Ele concede mais graça e aumenta a nossa fé. Ele nos capacita a confiar no nosso Deus e a nos mantermos firmes no Seu caminho. Foi Ele quem ajudou a nossa fé a "rir das impossibilidades e dizer: 'Será feito'" [N.T.: Palavras de John Wesley.]. No momento tenebroso, o Senhor nos concedeu ver por fé e, na tempestade, nos fez cavalgar as ondas por fé. Essa é a grande questão, pois enquanto a fé sobreviver, a esperança não será um paciente terminal. Eu não duvido de que alguns de vocês imaginem, esta noite, que a sua fé sobreviveu ao pútrido ceticismo dos nossos tempos, à atmosfera estagnada de indiferença, ao ar malárico de heresia que circunda todas as coisas. Se fosse possível, os inimigos de Cristo enganariam os próprios eleitos, mas os piedosos vivem por fé.

## Minhas reflexões

**Dia 119**

# Salmo 119

Como são felizes os íntegros, os que seguem a lei do Senhor! Como são felizes os que obedecem a seus preceitos e o buscam de todo o coração. —*Salmo 119:1,2*

---

Se há no mundo pessoas abençoadas, certamente devem ser aquelas que estão no caminho de Deus e que cuidam de manter suas vestes sem manchas do mundo. Ó, se alguém puder, no fim de cada dia, sentir "Eu sou íntegro e segui a lei do Senhor", como será doce o adormecer, não farisaico e arrogante, mas, ainda assim, grato por ter sido guardado da iniquidade que abunda no mundo! Verdadeiramente, "são felizes os íntegros". Talvez alguns de vocês não possam reivindicar essa bênção em particular; então, lembrem-se de que o Salmo 32 começa assim: "Como é feliz aquele cuja desobediência é perdoada, cujo pecado é coberto", e essa bênção tem a mesma força e a mesma doçura do que a outra.

---

Extraído da exposição seguinte ao sermão *An Appeal to Children of Godly Parents* (Um apelo aos filhos de pais piedosos), pregado no Metropolitan Tabernacle, em 27 de março de 1887.

## Minhas reflexões

# Dia 120

## Salmo 120

Como sofro na distante Meseque! É doloroso viver entre os moradores de Quedar! Estou cansado de habitar entre os que odeiam a paz. Procuro a paz, mas, quando falo de paz, eles querem guerra! —*Salmo 120:5-7*

---

Lembre-se de que, mesmo enquanto está nas tendas de Quedar, você tem companhia bendita, porque Deus está com você e, apesar de você peregrinar com os filhos de Meseque, ainda há Outro com quem você peregrina, a saber, o seu bendito Senhor. Você não está sozinho, porque Cristo está com você. É verdade que aqueles que o rodeiam são companheiros impróprios; há, porém, Alguém que anda em meio a todos esses cenários e armadilhas e que lhe diz: "Não tenha medo, pois estou com você; não desanime, pois sou o seu Deus". Pode haver um ruído na rua, mas Cristo está com você em seu quarto. Pode haver uma tempestade até dentro das suas portas, um marido que não lhe dá descanso e filhos que jogam a sua religião na sua cara; mas há também outro Marido naquela casa, o Marido celestial, e suas consolações são muito mais poderosas do que todos os desdéns do marido terreno; o maná que Ele concede é tão doce que pode remover toda a amargura dos sarcasmos de seus inimigos. Certamente, quando Cristo está conosco, a amargura da morte fica no passado; portanto, muito mais a amargura daquelas pequenas provações que nos são infligidas diariamente pelos filhos de Meseque e os moradores das tendas de Quedar.

---

Extraído do sermão *The Sojourn in Mesech* (A habitação em Meseque), pregado em New Park Street Chapel, Southwark, na primavera de 1860.

## Minhas reflexões

**Dia 121**

## Salmo 121

O Senhor é seu protetor! O Senhor está ao seu lado, como sombra que o abriga. O sol não lhe fará mal de dia, nem a lua, de noite. —*Salmo 121:5,6*

---

Aqui, Aquele que preserva, mencionado por pronomes nos dois versículos anteriores, é distintamente denominado – "o Senhor é seu protetor". Que manancial de significado existe aqui; a sentença é uma massa de ouro e, quando cunhada e estampada com o nome do rei, arcará com todas as nossas despesas entre o nosso local de nascimento na Terra e o nosso descanso no Céu. Aqui está uma pessoa gloriosa: "o Senhor", assumindo uma função graciosa e cumprindo-a pessoalmente; o Senhor é seu "protetor", em nome de um indivíduo favorecido – você, e uma firme garantia de revelação de que ainda é assim neste momento; o Senhor é seu protetor. Uma sombra protege contra o calor ardente e a luz ofuscante. Nós não conseguimos suportar bênçãos excessivas; até mesmo a bondade divina, que é uma dispensação de Sua destra, precisa ser atenuada e sombreada para se adequar à nossa enfermidade, e isso o Senhor fará por nós. Quando o sol escaldante derramar os seus raios ardentes sobre a nossa cabeça, o próprio Senhor se interporá para nos sombrear da maneira mais honrosa, agindo como nosso braço direito e nos colocando em conforto e segurança.

---

Extraído da exposição seguinte ao sermão *The Well-Beloved's Vineyard* (A videira do Amado), pregado em Mentone.

## Minhas reflexões

# Dia 122

## Salmo 122

Alegrei-me quando me disseram: "Vamos à casa do Senhor". —*Salmo 122:1*

Os bons filhos se agradam em voltar à casa e ficam felizes em ouvir seus irmãos e irmãs os chamando para lá. O coração de Davi estava em adoração a Deus, e ele se deleitava quando encontrava outras pessoas o convidando a ir aonde os seus desejos já haviam ido: o ardor dos mais fervorosos é ajudado ao ouvir os outros convidando-os a um dever santo. A palavra não foi "vá", e sim "vamos"; por isso, os ouvidos do salmista encontraram nela uma dupla alegria. Ele ficou feliz pelos outros: feliz por quererem ir, feliz por terem a coragem e a liberalidade de convidar outras pessoas. Ele sabia que isso lhes faria bem; nada melhor pode acontecer aos homens e seus amigos do que amar o lugar onde a honra de Deus habita. Que dia glorioso será aquele em que muitas pessoas dirão: "Venham, subamos ao monte do Senhor, à casa do Deus de Jacó. Ali ele nos ensinará como devemos viver e andaremos em seus caminhos". Porém, Davi ficou feliz por si mesmo: ele amou o convite para ir ao lugar santo, se deleitou em ser chamado para ir à adoração com companhia e, além disso, se alegrou por pessoas boas o considerarem o suficiente para lhe fazerem o convite. Alguns homens teriam ficado ofendidos e dito: "Cuide da sua própria vida. Deixe a minha religião em paz", mas não o rei Davi, embora ele tivesse mais dignidade do que qualquer um de nós e menos necessidade de ser lembrado de seu dever. Ele não se sentiu provocado, e sim satisfeito por ser pressionado a participar de cultos sagrados.

---

Extraído de *The Treasury of David* (O tesouro de Davi), Salmo 122.

## Minhas reflexões

# Dia 123

## Salmo 123

Levanto meus olhos para ti, ó Deus que habitas nos céus! Continuamos a olhar para o Senhor, nosso Deus, esperando sua compaixão, como os servos que olham para as mãos de seus Senhores, e a serva que olha para a mão de sua Senhora. Tem misericórdia de nós, Senhor, tem misericórdia, pois estamos cansados de tanto desprezo. —*Salmo 123:1-3*

---

A alma que anseia não espera em silêncio absoluto sem expressar seus desejos. Eu ouvi falar de algumas pessoas que disseram que sua vontade era tão plenamente conforme à vontade de Deus, que deixaram de orar a Ele! Certamente, esse foi um engano satânico, porque a vontade de Cristo estava perfeitamente em conformidade com a de Seu Pai, mas, por essa mesma razão, Ele orava continuamente! Se deixamos de orar, só podemos estar em um estado maligno. O salmista diz que ele e aqueles que pensavam como ele esperaram até o Senhor ter misericórdia deles, e então ele iniciou uma espécie de litania: "Tem misericórdia de nós, Senhor, tem misericórdia". Ele usa as mesmas palavras duas vezes como se quisesse expressar a grandeza de sua necessidade, a clareza de sua percepção do que ele necessitava, a seriedade de seu desejo e sua expectativa de que sua necessidade seria suprida. No versículo 3, vemos a petição "Tem misericórdia" ser apresentada duas vezes, porque a misericórdia é a maior necessidade do melhor homem que já viveu!

---

Extraído da exposição seguinte ao sermão *God's Glory In The Building Up Of Zion* (A glória de Deus na edificação de Sião), pregado em Metropolitan Tabernacle, Newington.

# Minhas reflexões

# Dia 124

## Salmo 124

Escapamos como um pássaro que foge da armadilha do caçador; a armadilha se quebrou, e estamos livres! Nosso socorro vem do Senhor, que fez os céus e a terra. —*Salmo 124:7,8*

Essa é uma canção alegre para ser cantada pela alma que escapou! Sempre que um cristão cai em dificuldades por não andar retamente, quando ele se desvia do caminho certo e é pego na armadilha do passarinheiro – e está com tantos problemas que não sabe o que fazer –, Deus vem e corta a rede, talvez com a faca afiada da aflição; então, a alma aprisionada encontra novamente livramento das associações mundanas e uma feliz liberdade no servir a Deus. Eu não conheço uma canção mais doce do que essa que ele e outros pássaros resgatados por Deus possam cantar enquanto sobem à luz clara da face do Senhor: "Escapamos como um pássaro que foge da armadilha do caçador; a armadilha se quebrou, e estamos livres!".

---

Extraído da exposição seguinte ao sermão *God's Glory In The Building Up Of Zion* (A glória de Deus na edificação de Sião), pregado em Metropolitan Tabernacle, Newington.

## Minhas reflexões

**Dia 125**

## Salmo 125

Os que confiam no Senhor são como o monte Sião; não serão abalados, mas permanecerão para sempre. Assim como os montes cercam Jerusalém, o Senhor se põe ao redor de seu povo, agora e para sempre. —*Salmo 125:1,2*

---

Esses versículos mostram a segurança do crente, assim como a sua estabilidade. Assim como as montanhas se erguiam para guardar a cidade sagrada, Deus se coloca em volta do Seu povo como uma muralha de fogo. Antes de alguém conseguir ferir o crente, precisa primeiramente romper as muralhas da divindade. Não é dito meramente que cavalos de fogo e carros de fogo rodeiam o povo do Senhor – embora isso seja verdade –, e sim que o próprio Deus o rodeia, e não ocasionalmente, mas "agora e para sempre". Eu creio na eterna segurança dos santos e a basearia somente nesses dois versículos se não houvesse outras passagens que afirmassem isso. Se eles nunca serão abalados, como o monte Sião, e se Deus está ao seu redor para sempre, eles precisam viver e permanecer de pé. Aqui não há um "se" ou um "mas" – "desde que eles se comportem" e assim por diante. Não; mas, confiando em Deus, eles nunca serão abalados e Deus estará ao redor deles como sua defesa inabalável. Eu imagino ouvir alguém dizer: "Se é assim, por que sou provado e atribulado?". Ah, meu irmão, nunca foi ponderado que você estivesse livre de problemas! Há uma vara na aliança e, se você nunca a sentir, pode suspeitar que não faz parte de tal aliança.

---

Extraído da exposição seguinte ao sermão *Grace for the Guilty* (Graça para o culpado), pregado em New Park Street Chapel, Southwark, em 25 de novembro de 1855.

## Minhas reflexões

**Dia 126**

# Salmo 126

Quando o Senhor trouxe os exilados de volta a Sião, foi como um sonho. Nossa boca se encheu de riso, e cantamos de alegria. As outras nações disseram: "O Senhor fez coisas grandiosas por eles". Sim, o Senhor fez coisas grandiosas por nós; que alegria! —*Salmo 126:1-3*

---

A misericórdia foi tão inesperada, tão surpreendente, tão singular que eles só puderam rir, e riram muito; sua boca estava cheia de riso, pois seu coração também estava cheio de alegria. Quando, finalmente, a língua conseguiu articular palavras, não se contentou em simplesmente falar, mas precisou cantar; e cantar de coração também, pois este estava cheio de canções. Sem dúvida, a dor anterior aumentou o entusiasmo da satisfação; o cativeiro lançou uma cor mais luminosa sobre a emancipação. O povo se lembrou dessa inundação de alegria durante anos a fio, e eis aqui o registro disso transformado em uma canção. Observe o "quando" e o "foi". O "quando" de Deus é o nosso "foi". No momento em que Ele transforma o nosso cativeiro, o coração sai de sua tristeza; quando Ele nos enche de graça, nós ficamos cheios de gratidão. Fomos criados para ser como quem sonha, mas rimos e cantamos enquanto dormíamos. Agora estamos bem acordados e, embora mal possamos perceber a bênção, ainda assim nos regozijamos extremamente com ela.

---

Extraído de *The Treasury of David* (O tesouro de Davi), Salmo 126.

# Minhas reflexões

**Dia 127**

## Salmo 127

Se o Senhor não constrói a casa, o trabalho dos construtores é vão. Se o Senhor não protege a cidade, de nada adianta guardá-la com sentinelas. É inútil trabalhar tanto, desde a madrugada até tarde da noite, e se preocupar em conseguir o alimento, pois Deus cuida de seus amados enquanto dormem. —*Salmo 127:1,2*

---

Deus dá aos Seus amados o sono da tranquilidade da alma quanto ao futuro. Ó, aquele futuro sombrio! Aquele futuro! Aquele futuro! O presente pode estar bom, mas, ah, o próximo vento poderá murchar todas as flores, e onde eu estarei? Agarre seu ouro, avarento, pois "a riqueza desaparecerá; criará asas e voará para longe". Abrace esse bebê ao peito, mãe, porque a rude mão da morte poderá furtá-lo de você. Olhe para a sua fama e maravilhe-se dela, ó homem ambicioso! Porém, uma leve notícia ferirá o seu coração e o levará para um nível tão baixo quanto as alturas a que sempre foi exaltado pelas vozes da multidão. O futuro! Todas as pessoas têm necessidade de temer o futuro, exceto os cristãos. Deus concede aos Seus amados um sono feliz no tocante aos eventos do tempo vindouro –

> *"Qual poderá ser meu futuro,*
> *Alto ou baixo, não me preocupo;*
> *Nisto o meu coração descansará:*
> *O que Deus determinar o melhor será."*

---

Extraído do sermão *The Peculiar Sleep of the Beloved* (O sono peculiar do amado), pregado em Exeter Hall, Strand, em 4 de março de 1855.

## Minhas reflexões

**Dia 128**

# Salmo 128

Como é feliz aquele que teme o Senhor, que anda em seus caminhos! Você desfrutará o fruto de seu trabalho; será feliz e próspero. —*Salmo 128:1,2*

---

A porção dos santos de Deus é trabalhar e encontrar uma recompensa ao fazê-lo. Deus é o Deus dos trabalhadores. Nós não devemos abandonar o nosso chamado terreno, pois o Senhor nos chamou pela graça: não nos é prometida uma bênção por ociosidade romântica ou por sonhos irracionais, e sim por trabalho árduo e atividade honesta. Embora estejamos nas mãos de Deus, devemos nos sustentar por nossas próprias mãos. O Senhor nos dará o pão de cada dia, mas devemos nos apropriar deste mediante o nosso trabalho. Todos os tipos de trabalho se incluem aqui, porque, se alguém trabalha com esforço corporal e outra pessoa o faz com a mente, não há diferença na bênção – exceto que, geralmente, é mais saudável trabalhar com o corpo do que apenas com a mente. Sem Deus seria inútil trabalhar, mas, quando somos cooperadores de Deus, uma promessa é colocada diante de nós. A promessa é que o trabalho será frutífero, e quem o realiza desfrutará da sua recompensa. É um mal gravíssimo um homem escravizar a sua vida e não receber uma remuneração justa por seu trabalho: como regra, os servos de Deus saem dessa escravidão, reivindicam o que lhes é devido, e o recebem. De qualquer forma, esse versículo pode encorajá-los a fazer isso.

---

Extraído de *The Treasury of David* (O tesouro de Davi), Salmo 128.

# Minhas reflexões

**Dia 129**

# Salmo 129

O Senhor, porém, é justo; ele me livrou das cordas dos perversos. Recuem envergonhados e derrotados todos que odeiam Sião. —*Salmo 129:4,5*

---

O Senhor é justo! Independentemente do que os homens possam ser, Jeová permanece justo e, portanto, cumprirá a aliança com o Seu povo e fará justiça aos opressores deles. Eis aqui a articulação que marca o ponto de transformação da angústia de Israel. O Senhor suporta os longos sulcos dos ímpios, mas certamente os fará cessar de arar antes de terminar com eles. Ele cortou em pedaços as cordas dos perversos. A corda que liga os bois ao arado é cortada; a corda que amarrava a vítima é rompida; o laço que mantinha os inimigos em cruel unidade se rompeu. Assim como lemos no Salmo 124:7 – "a armadilha se quebrou, e estamos livres" –, aqui a quebra do instrumento de opressão dos inimigos é a libertação de Israel. Mais cedo ou mais tarde, o Deus justo se interporá e, quando o fizer, a Sua ação será a mais eficaz; Ele não desata, e sim corta em pedaços a cinta usada pelos ímpios em sua tarefa de ódio.

---

Extraído de *The Treasury of David* (O tesouro de Davi), Salmo 129.

## Minhas reflexões

## Dia 130

## Salmo 130

Das profundezas do desespero, Senhor, clamo a ti. Escuta minha voz, ó Senhor; dá ouvidos à minha oração. —*Salmo 130:1,2*

---

Os mais eminentes dos santos de Deus estiveram nas profundezas. Portanto, devo eu murmurar se tiver de suportar provações? Que sou eu para ser isento da guerra? Como posso esperar conquistar a coroa sem, primeiramente, carregar a cruz? Davi viu as profundezas – e você e eu também devemos vê-las. Porém, Davi aprendeu a clamar a Deus das profundezas. Aprenda, portanto, que não há lugar tão profundo de onde a oração não possa chegar até Deus e, em seguida, o extenso braço de Deus alcançará o fundo e nos tirará das profundezas! "Das profundezas do desespero, Senhor, clamo a ti." Não diga "Das profundezas falei com meus vizinhos e busquei consolação em meus amigos." –

> *"Se a respiração, tantas vezes gasta em vão,*
> *Ao Céu fosse em súplica enviada,*
> *Frequentemente, alegre seria a sua canção:*
> *'Ouçam as bênçãos que me foram dadas!'"*

---

Extraído da exposição seguinte ao sermão *Praise Comely to the Upright* (O agradável louvor do justo), pregado no Metropolitan Tabernacle, Newington, em 18 de junho de 1868.

## Minhas reflexões

## Dia 131

## Salmo 131

SENHOR, meu coração não é orgulhoso, e meus olhos não são arrogantes. Não me envolvo com questões grandiosas ou maravilhosas demais para minha compreensão. Pelo contrário, acalmei e aquietei a alma, como criança desmamada que não chora mais pelo leite da mãe. Sim, minha alma dentro de mim é como uma criança desmamada. —*Salmo 131:1,2*

---

Davi era um pastor. Não precisava ir lutar contra Golias, mas, quando o fez, foi porque sua nação precisava dele. Ele disse [a seus irmãos]: "Porventura não há razão para isso?" (ARC). Caso contrário, ele teria continuado quieto em segundo plano. Quando entrou na caverna de Adulão, ele em momento algum moveu um dedo para tornar-se rei. Poderia ter atingido seu inimigo várias vezes e, com um só golpe, terminado a guerra e tomado o trono, mas não levantaria a mão contra o ungido do Senhor, porque, como uma criança desmamada, não era ambicioso. Ele estava disposto a ir aonde Deus o colocasse, mas não estava buscando grandezas. Ora, caros irmãos, nós nunca seremos uma criança desmamada se tivermos conceitos elevados do que devemos ser e grandes desejos para nós mesmos. Se nos considerarmos grandes homens, é claro que deveremos ter coisas grandiosas para nós mesmos. Porém, se conhecermos a nós mesmos e formos levados a uma verdadeira autocrítica, evitaremos aquela "empolada ambição que ultrapassa no salto a sela" [N.T.: Shakespeare – Macbeth, ato 1, cena 7.].

---

Extraído do sermão *The Weaned Child* (A criança desmamada), pregado no Metropolitan Tabernacle, Newington.

*Minhas reflexões*

# Dia 132

## Salmo 132

Pois o SENHOR escolheu Sião; desejou-a para ser sua habitação. "Este é meu descanso para sempre", disse ele. "Habitarei aqui, pois este é o lugar que desejei." —*Salmo 132:13,14*

---

Não é de admirar que Deus, o Senhor, diga ao Seu povo: "Este é meu descanso para sempre"? Ora, se Ele descansa, tenho certeza de que nós podemos fazê-lo. É muito notável que, durante a criação do mundo, Deus em momento algum descansou até havê-lo preparado para o Seu filho e tudo estar pronto para Adão. Deus não interrompeu Seu trabalho até que houvesse tudo que Adão pudesse desejar; e, quando tudo estava completo, Ele descansou no sétimo dia. Então, quando Ele fez tudo por Sua Igreja, quando Sua obra por ela estiver terminada, Cristo descansará, mas não antes disso. Ele diz pela boca de Isaías: "Por causa de Sião, não permanecerei quieto. Por causa de Jerusalém, não ficarei calado, até sua justiça brilhar como o amanhecer e sua salvação resplandecer como uma tocha acesa"; porém, uma vez aquilo realizado, Ele diz: "Este é meu descanso para sempre". Deus não descansa na obra de Suas mãos como Criador: Ele descansa na obra de Cristo como Redentor.

---

Extraído da exposição seguinte ao sermão *Hearing, Seeking, Finding* (Ouvir, buscar, encontrar), pregado no Metropolitan Tabernacle, Newington, em 24 de maio de 1883.

## Minhas reflexões

**Dia 133**

## Salmo 133

Como é bom e agradável quando os irmãos vivem em união! Pois a união é preciosa como o óleo da unção, que era derramado sobre a cabeça de Arão e descia por sua barba, até a bainha de suas vestes. É revigorante como o orvalho do monte Hermom que desce sobre os montes de Sião. Ali o Senhor pronuncia sua bênção e dá vida para sempre. —*Salmo 133*

---

Para que possamos contemplar melhor a unidade fraterna, Davi nos fornece uma analogia, para que, como num espelho, possamos perceber sua bênção. Ela tem um perfume doce, comparável ao precioso unguento com o qual o primeiro Sumo Sacerdote foi ungido em sua ordenação. É uma coisa santa, e, novamente, é como o óleo de consagração, que deveria ser usado unicamente no serviço do Senhor. Quão sagrado deve ser o amor fraterno se pode ser comparado ao óleo que jamais deve ser derramado sobre outra pessoa senão unicamente no sumo sacerdote do Senhor! Ele é difusivo: o óleo perfumado, ao ser derramado sobre a cabeça de Arão, escorreu para a sua barba e, depois, sobre as suas vestes até a última bainha ser ungida com ele; assim também o amor fraterno estende seu poder benigno e abençoa todos os que são beneficiados por sua influência. A concórdia sincera traz bênção a todos os envolvidos; sua bondade e sua satisfação são compartilhados pelos membros mais humildes da casa; até os servos são os melhores e os mais felizes devido à agradável unidade entre os membros da família. Há um uso especial para ele, pois, assim como pelo óleo da unção Arão foi separado para o serviço especial ao Senhor, também os que habitam no amor são os mais bem adequados para glorificar a Deus em Sua Igreja.

---

Extraído de *The Treasury of David* (O tesouro de Davi), Salmo 133.

## Minhas reflexões

**Dia 134**

# Salmo 134

Louvem o SENHOR todos vocês, servos do SENHOR, todos que servem de noite na casa do SENHOR. Levantem suas mãos para o santuário e louvem o SENHOR. De Sião os abençoe o SENHOR, que fez os céus e a terra! —*Salmo 134*

---

No lugar santo, eles precisam estar ocupados, cheios de força, bem despertos, cheios de energia e movidos por santo ardor. Mãos, coração e todas as outras partes de sua natureza humana precisam ser exaltados, elevados e consagrados ao serviço de adoração ao Senhor. Assim como os anjos louvam a Deus dia e noite, também os anjos das igrejas precisam instar em tempo e fora de tempo e bendizer ao Senhor. Essa é a principal ocupação deles. Devem abençoar os homens por meio de seus ensinamentos, mas devem ainda mais bendizer a Jeová com a sua adoração. Com demasiada frequência, os homens olham para o culto público apenas pelo lado de sua utilidade para as pessoas; porém, a outra questão tem importância ainda maior: nós precisamos cuidar de que o Senhor Deus seja adorado, exaltado e reverenciado. Pela segunda vez, a palavra "louvem" é usada e aplicada ao Senhor. Bendize, ó minha alma, ao Senhor, e que todas as outras almas o bendigam. Não haverá sonolência nem mesmo na devoção da meia-noite se o coração estiver concentrado em bendizer a Deus em Cristo Jesus, que é, no evangelho, a tradução de Deus no santuário.

---

Extraído de *The Treasury of David* (O tesouro de Davi), Salmo 134.

## Minhas reflexões

**Dia 135**

# Salmo 135

Teu nome, ó Senhor, permanece para sempre; tua fama, ó Senhor, é conhecida por todas as gerações. Pois o Senhor fará justiça ao seu povo e terá compaixão de seus servos. —*Salmo 135:13,14*

---

Agora, Ele é o mesmo Senhor que sempre foi. Hoje em dia, multidões de pessoas fizeram novos deuses para si mesmas; elas imaginaram um caráter totalmente novo para o Senhor, e o Deus do Antigo Testamento é ignorado e caluniado; porém, não pelo Seu povo escolhido; este ainda se apega a Ele. O Deus de Abraão, de Isaque e de Jacó não é o Deus dos mortos, e sim dos vivos; e isso é verdade, tanto espiritual quanto naturalmente. Quem está espiritualmente morto se recusa a possuí-lo e estabelece deuses imaginados por si mesmo; porém, quem é vivificado por Sua graça se deleita nele e glorifica o Seu nome. Amado, seja essa a nossa alegre canção: "Teu nome, ó Senhor, permanece para sempre…".

---

Extraído da exposição seguinte ao sermão *A Strange and Yet Gracious Choice* (Uma escolha estranha, mas graciosa), no Tabernáculo Metropolitano, Newington, em 6 de setembro de 1883.

## Minhas reflexões

# Dia 136

## *Salmo* 136

Deem graças àquele que fez as luzes celestes: Seu amor dura para sempre! O sol para governar o dia, Seu amor dura para sempre! A lua e as estrelas para governarem a noite. Seu amor dura para sempre! —*Salmo 136:7-9*

---

Por que três versículos acerca de uma única coisa? Porque não somos conhecidos por nos concentrar na bondade de Deus como deveríamos. Somos, portanto, instruídos primeiramente a nos lembrar da luz em geral; então, do sol, da lua, das estrelas, cada um em particular. E, cada vez que fazemos isso, podemos dizer: "Seu amor dura para sempre". Não somos deixados sem o sol durante o dia e, quando o dia termina, a escuridão da noite é celebrada pela lua ou pelas estrelas, que nos mostram que não somente dia após dia, mas também noite após noite, Ele pensa em nós visto que "Seu amor dura para sempre". Louve-o, louve-o, seja ao meio-dia ou à meia-noite, quando o dia é renovado ou quando as cortinas do seu lugar de descanso são fechadas, louve-o ainda, pois o "Seu amor dura para sempre".

---

Extraído da exposição seguinte ao sermão *The Heavenly Singers and Their Song* (Os cantores celestiais e sua canção), pregado no Metropolitan Tabernacle, Newington, em 14 de julho de 1889.

## Minhas reflexões

# Dia 137

## Salmo 137

Junto aos rios da Babilônia, sentamos e choramos, ao nos lembrarmos de Sião. Pusemos de lado nossas harpas e as penduramos nos galhos dos salgueiros. —*Salmo 137:1,2*

---

Eles não choraram quando se lembraram das crueldades da Babilônia; a memória da feroz opressão secou suas lágrimas e fez seu coração arder de ira; porém, quando se recordaram da amada cidade de suas solenidades, não puderam evitar torrentes de lágrimas. Da mesma maneira, os verdadeiros crentes choram quando veem a igreja despojada e se veem incapazes de socorrê-la: poderíamos tolerar qualquer coisa mais do que isso. Nestes nossos tempos, a Babilônia do erro assola a cidade de Deus, e o coração dos fiéis é gravemente ferido ao ver a verdade caída nas ruas e a incredulidade desenfreada entre os professos servos do Senhor. Nós protestamos, mas parece ser em vão; a multidão fica enlouquecida por seus ídolos. Seja isso o nosso chorar em segredo pela dor da nossa Sião: é o mínimo que podemos fazer; talvez seu resultado possa mostrar ser a melhor coisa que podemos fazer. Seja isso também o nosso sentar e considerar profundamente o que deve ser feito. Seja como for, cabe a nós manter em nossa mente e em nosso coração a memória da Igreja do Senhor que nos é tão querida. Os frívolos podem esquecer, mas Sião está gravada em nosso coração e sua prosperidade é o nosso principal desejo.

---

Extraído de *The Treasury of David* (O tesouro de Davi), Salmo 137.

# Minhas reflexões

# Dia 138

## *Salmo* 138

Graças te dou, Senhor, de todo o meu coração; cantarei louvores a ti diante dos deuses. Prostro-me diante do teu santo templo; louvo teu nome por teu amor e tua fidelidade, pois engradeceste acima de tudo teu nome e tua palavra. —*Salmo 138:1,2*

---

O que Davi quis dizer com a expressão "teu santo templo"? Bem, assim como o tabernáculo no deserto, o Templo era típico da adorável pessoa de nosso Senhor Jesus Cristo. Não é que a tenda no deserto ou o Templo no monte Sião fossem algo em si, mas esses eram os lugares onde especialmente Deus se agradava em revelar-se. Ora, hoje o Templo de Jeová é o corpo do nosso Senhor e Salvador Jesus Cristo, que Ele mesmo chamou expressamente de "templo". Que outros adorem santos e anjos, se quiserem, mas nós adoraremos ao Cristo encarnado e somente a Ele. Que outros adorem o homem e pensem nele como nada além de um homem, mas nós adoraremos a Cristo como Deus. Deleitei-me em cantar com vocês, há pouco tempo –

> *"Jesus, meu Deus! O Seu nome conheço bem,*
> *Ele é toda a minha confiança.*
> *À minha alma vergonha não advém,*
> *Nem se perderá a minha esperança."*

---

Extraído do sermão *Open Praise and Public Confession* (Louvor declarado e confissão pública) pregado no Metropolitan Tabernacle, Newington, em 11 de outubro de 1883.

## Minhas reflexões

**Dia 139**

## *Salmo* 139

Como são preciosos os teus pensamentos a meu respeito, ó Deus; é impossível enumerá-los! Não sou capaz de contá-los; são mais numerosos que os grãos de areia. E, quando acordo, tu ainda estás comigo. —*Salmo 139:17,18*

---

Os pensamentos de Deus acerca de nós devem ser muito numerosos. Segundo o nosso texto, a soma deles é muito grande – quão grande seria, o salmista não diz. O número dos pensamentos de Deus é tão vasto que, mesmo que você conseguisse contabilizar a areia da praia, não conseguiria contar os pensamentos de Deus a seu respeito. Ó, quão importantes isso nos torna, pobres criaturas, quando lembramos que Deus pensa em nós! Eu gostaria que você ficasse sentado quieto durante um minuto e refletisse sobre essa maravilhosa verdade. Você sabe que as pessoas ficam muito orgulhosas por um rei apenas ter olhado para elas. Ouvi falar de um homem que costumava se vangloriar, durante toda a sua vida, de o rei George IV – como era belo! – haver, certa vez, falado com ele. O rei lhe disse apenas: "Saia da estrada", mas foi um rei quem o disse, então o homem se sentiu imensamente gratificado por aquilo. Porém, amado, você e eu podemos nos regozijar por Deus, diante de quem os reis são semelhantes a gafanhotos, realmente pensar em nós – e com frequência. Um ou dois pensamentos não seriam suficientes para as nossas muitas necessidades – se Ele pensasse em nós somente de vez em quando, o que faríamos nesse meio tempo?

---

Extraído do sermão *Our Thoughts About God's Thoughts* (Nossos pensamentos sobre os pensamentos de Deus), pregado no Metropolitan Tabernacle, Newington, 1 de novembros 1883.

## Minhas reflexões

## Dia 140

## Salmo 140

Eu disse ao Senhor: "Tu és meu Deus!"; ouve, Senhor, as minhas súplicas. Ó Soberano Senhor, meu salvador poderoso, tu me protegeste no dia da batalha. — Salmo *140:6,7*

---

Golias tinha seu escudeiro, assim como Saul, e cada um deles protegia o seu Senhor; todavia, o gigante e o rei pereceram, enquanto Davi, sem armadura ou escudo, matou o gigante e despistou o tirano. O escudo do Eterno é uma proteção melhor do que um capacete de bronze. Quando as flechas voam em grande quantidade e o machado de guerra bate à direita e à esquerda, não há para a cabeça cobertura semelhante ao poder do Todo-poderoso. Veja como o filho da providência glorifica o seu Protetor! Ele o chama não apenas de sua salvação, mas de sua força, por cujo incomparável poder ele fora capaz de sobreviver à astúcia e crueldade de seus adversários. Ele obtivera um livramento no qual se podia ver claramente a força do Onipotente. Essa é uma grande pronunciação de louvor, uma graciosa base de conforto, um argumento prevalente na oração. Aquele que cobriu a nossa cabeça anteriormente não nos abandonará agora. Por isso, travemos uma boa luta e não temamos feridas mortais: o Senhor Deus é o nosso escudo e a nossa grande recompensa.

---

Extraído de *The Treasury of David* (O tesouro de Davi), Salmo 140.

# Minhas reflexões

# Dia 141

## Salmo 141

Ó Senhor, eu clamo a ti; vem depressa! Ouve quando peço tua ajuda. Aceita minha oração, como incenso oferecido a ti, e minhas mãos levantadas, como oferta da tarde. Assume o controle do que eu digo, Senhor, e guarda meus lábios. —*Salmo 141:1-3*

---

Assim como o incenso é cuidadosamente preparado, aceso com fogo sagrado e devotadamente apresentado a Deus, seja também a minha oração. Não devemos considerar a oração um trabalho fácil, que não requer reflexão. Ela precisa ser "apresentada"; mais ainda, precisa ser apresentada "diante do Senhor", por uma percepção de Sua presença e uma santa reverência por Seu nome. Também não podemos considerar toda súplica como certa da aceitação divina: ela precisa ser apresentada diante do Senhor "como incenso", concernente à oferta sobre a qual havia regras a serem observadas – caso contrário, seria rejeitado por Deus. E o levantar das minhas mãos como oferta da tarde. Qualquer que fosse a forma que sua oração tomasse, seu único desejo era que ela fosse aceita por Deus. Mesmo sem palavras, às vezes, a oração é apresentada pelos próprios movimentos do nosso corpo: joelhos dobrados e mãos levantadas são os sinais de uma oração fervorosa e expectante.

---

Extraído de *The Treasury of David* (O tesouro de David), Salmo 141.

# Minhas reflexões

**Dia 142**

## Salmo 142

Clamo em alta voz ao Senhor; suplico pela misericórdia do Senhor. Derramo diante dele minhas queixas e lhe apresento minhas angústias. Quando estou abatido, somente tu sabes o caminho que devo seguir. —*Salmo 142:1-3*

---

O espírito mais valente é, às vezes, gravemente afetado. Uma névoa pesada desce sobre a mente, e o homem parece afogado e sufocado nela; coberto por uma nuvem, esmagado por um fardo, confuso diante de dificuldades, vencido por impossibilidades. Davi era um herói, e mesmo assim seu espírito se abateu: ele conseguiu derrubar um gigante, mas não conseguia manter-se em pé. Ele não conhecia seu próprio caminho, nem se sentia capaz de suportar seu próprio fardo. Observe seu conforto: ele redirecionou o olhar de sua própria condição para o Deus que sempre observa tudo e tudo sabe; e se acalmou com o fato de que tudo era conhecido por seu Amigo celestial. Verdadeiramente, é bom sabermos que Deus sabe o que nós não sabemos. Nós perdemos a cabeça, mas Deus nunca fecha os olhos; nossos julgamentos perdem o equilíbrio, mas a mente eterna é sempre límpida. No caminho em que eu andei, uma armadilha foi colocada secretamente para mim. O Senhor sabia disso na época e avisou o Seu servo. Olhando para trás, o doce salmista se regozija por ter tido um Guardião muito gracioso que o impediu de perigos invisíveis.

---

Extraído de *The Treasury of David* (O tesouro de Davi), Salmo 142.

# Minhas reflexões

# Dia 143

## *Salmo* 143

Faze-me ouvir do teu amor a cada manhã, pois confio em ti. Mostra-me por onde devo andar, pois me entrego a ti. Livra-me de meus inimigos, SENHOR, pois me refugio em ti. —*Salmo 143:8*

E você sempre pode se refugiar em Deus. Nunca dirá ao Senhor: "Eu fujo até ti para que me escondas", enquanto não souber que pode se refugiar nele. Sim, amado, você pode fugir para refugiar-se em Deus, porque Ele nunca é mais verdadeiramente Deus do que quando recebe pobres almas que fazem dele o seu esconderijo. Dizem que, em certa ocasião quando certos homens sábios estavam assentados em conselho, um pobre pássaro, perseguido por um falcão, voou para o colo de um dos conselheiros, e este – o único homem de todo o grupo que teria feito tal coisa – pegou o pássaro trêmulo do colo, torceu seu pescoço e o lançou para longe de si; diante disso, todos os outros conselheiros se levantaram e votaram por sua imediata expulsão da assembleia, porque todos sentiram que qualquer homem que pudesse agir assim era indigno de ter um lugar em suas fileiras. Podemos estar bem certos de que o sempre misericordioso Senhor nunca pegará uma alma que voou para o Seu colo em busca de abrigo e a destruirá. Você tem medo de Deus, pobre alma, mas nunca precisa sentir isso. Se você está em Cristo Jesus, Deus está tão plenamente reconciliado com você que, quando você é perseguido pelo pecado, por Satanás ou por qualquer tipo de problema, o lugar mais seguro para onde voar é o Seu colo, e lá você está eternamente seguro, visto que Ele nunca o expulsará.

---

Extraído do sermão *Hiding in You!* (Escondendo-me em ti!), pregado no Metropolitan Tabernacle, Newington, em 14 de dezembro de 1876.

## Minhas reflexões

## Dia 144

## *Salmo* 144

Que nenhum inimigo consiga romper nossos muros, que ninguém seja levado ao cativeiro, nem haja gritos de angústia em nossas praças. Como são felizes os que vivem desse modo! Verdadeiramente são felizes aqueles cujo Deus é o Senhor! —*Salmo 144:14,15*

---

Às vezes, o povo de Deus é infeliz quando deveria ser feliz. Deus observa isso. Portanto, Ele lhe diz quando possuem os elementos da felicidade e lhes dá uma descrição da paz e prosperidade dos homens verdadeiramente felizes. Assim, lembrando-se das excelentes misericórdias que os cercam e não dando tanta importância às pequenas provações do dia, eles podem transformar sua mente segundo Deus e se sentir tão felizes quanto Ele declara que são. O nosso Salvador diz que os puros de espírito são felizes. Frequentemente, eles pensam que são amaldiçoados e se sentem como se não houvesse bênção para eles. Mas eles são abençoados, porque Jesus sabe a quem Ele abençoou! E, embora se sinta, às vezes, infeliz, o povo de Deus é um povo feliz e, apesar de tudo, deve ser parabenizado por sua condição. Ele tem razões para ser feliz. Tem motivos satisfatórios para a felicidade. Tem fontes de felicidade. Tem perspectivas futuras de felicidade. Se você faz parte do povo de Deus, não pode cometer o erro de afastar a fé nisso. Você é contado com as pessoas mais felizes que há debaixo do Céu!

---

Extraído do sermão *Pictures of Happiness* (Figuras da Felicidade), pregado no Metropolitan Tabernacle, Newington.

## Minhas reflexões

**Dia 145**

# Salmo 145

Meditarei em teu majestoso e glorioso esplendor e em tuas maravilhas. Todos falarão de teus feitos notáveis, e eu anunciarei tua grandeza. Todos contarão a história de tua imensa bondade e cantarão de alegria sobre tua justiça. —*Salmo 145:5-7*

---

"E eu anunciarei". Sim, eis novamente a nota pessoal de Davi. Ele não pode deixar de louvar a Deus: precisa participar completamente dessa tarefa celestial. Eu gostaria que, sempre que houvesse uma obra a ser feita para Deus, uma oração a ser oferecida ou um louvor a ser rendido ao Senhor, você e eu sempre interpuséssemos esse pronome pessoal "e eu". Caros amigos, talvez vocês saibam que nunca encontram o nome de Bartolomeu isoladamente em algum dos evangelhos: é sempre alguém "e Bartolomeu". É bom ser um bom ajudador de outras pessoas. E, quando outros estão louvando ao Senhor, é bom entrar, como fez Davi, com a determinação e confissão pessoal: "E eu anunciarei tua grandeza".

---

Extraído da exposição seguinte ao sermão *When Should We Pray?* (Quando devemos orar?), pregado no Metropolitan Tabernacle, Newington, em 22 de outubro de 1885.

## Minhas reflexões

# Dia 146

## Salmo 146

Como são felizes os que têm o Deus de Jacó como seu auxílio, os que põem sua esperança no Senhor, seu Deus. Ele fez os céus e a terra, o mar e tudo que neles há; ele cumpre suas promessas para sempre. Faz justiça aos oprimidos e alimenta os famintos. O Senhor liberta os prisioneiros. O Senhor abre os olhos dos cegos. O Senhor levanta os abatidos. O Senhor ama os justos. —*Salmo 146:5-8*

---

Primeiro, "o Senhor ama os justos" com um amor benevolente. Ele se deleita neles; Ele os ama, não meramente com um amor benevolente que deseja o bem deles, mas também olha com prazer e deleite para os homens justos, aqueles a quem Ele fez justos, os que o amam por serem justos e são semelhantes a Ele em sua justiça. O Senhor olha para eles e se regozija com eles. Como isso deve alegrar qualquer um de vocês que tenha sido santificado pela graça de Deus! O deleite do Senhor está em vocês; Ele os chama de Hefzibás, dizendo: "Meu prazer está neles". Onde quer que haja algo de Cristo, algo de justiça, algo de santidade, há evidência do amor do Senhor. Assim, primeiramente, "o Senhor ama os justos" com um amor benevolente.

---

Extraído do sermão *The Lord's Famous Titles* (Os famosos títulos do Senhor), pregado no Metropolitan Tabernacle, Newington, em 10 de novembro de 1889.

## Minhas reflexões

**Dia 147**

## *Salmo* 147

Cantem com ações de graças ao Senhor, cantem ao nosso Deus louvores com a harpa. Ele cobre os céus de nuvens, provê chuva para a terra e faz o capim crescer nos montes. Alimenta os animais selvagens e dá de comer aos filhotes dos corvos quando pedem. —*Salmo 147:7-9*

---

Quem pode escutar os pássaros no início da manhã sem sentir vergonha de si mesmo por não cantar mais para louvar a Deus? Alguns dos cantores emplumados erguem suas vozes até mesmo à noite – o rouxinol encanta as horas da escuridão – e nós não devemos cantar para Deus quando toda a natureza ressoa em louvor a Ele? Ele "alimenta os animais selvagens". Qualquer um de vocês que estiver muito angustiado poderá orar a Deus: "Senhor, alimenta-me, porque Tu alimentas até mesmo os animais selvagens". Algum de vocês necessita de alimento espiritual? Clame a Ele para alimentá-lo, porque Ele alimenta até o animal selvagem! Você não é muito melhor do que muitos animais? Eu me lembro de "Father Taylor" [N.E.: Edward Thompson Taylor (1793–1871) foi um pastor metodista americano e pregador itinerante.], certa vez, dizer a si mesmo e depois escrever: "Neste momento, estou angustiado e cheio de dúvidas: mas que sou eu? Quando a grande baleia atravessa as profundezas, o Pai Todo-poderoso lhe dá uma tonelada de arenques por café da manhã e nunca falha – certamente, Ele pode me alimentar." Com certeza, Ele pode! Ele pode conceder a todos nós tudo aquilo de que necessitamos.

---

Extraído da exposição seguinte ao sermão *The King Can Do No Wrong* (O rei não pode fazer mal), pregando no Metropolitan Tabernacle, Newington, em 16 de junho de 1887.

*Minhas reflexões*

**Dia 148**

## Salmo 148

Todas as coisas criadas louvem o nome do SENHOR, pois ele ordenou, e elas vieram a existir. Ele as pôs em seu lugar para todo o sempre; seu decreto jamais será revogado. —*Salmo 148:5,6*

---

Eis aqui um bom argumento: o Criador deve receber honra por Suas obras; elas devem manifestar o Seu louvor e, assim, devem louvar o Seu nome – pelo qual o Seu caráter é significado. O nome do Senhor está escrito de maneira legível em suas obras, para que Seu poder, sabedoria, bondade e outros atributos sejam nelas manifestos a homens prudentes e, assim, o Seu nome seja louvado. O maior louvor a Deus é declarar o que Ele é. Nós não somos capazes de inventar coisa alguma que exalte o Senhor; nunca podemos exaltá-lo melhor do que repetindo o Seu nome ou descrevendo o Seu caráter. O Senhor deve ser exaltado por ter criado todas as coisas que existem e por fazê-lo pela simples atuação da Sua palavra. Ele criou por meio de uma ordem; esse é um grande poder! Ele bem pode esperar que aqueles que lhe devem a própria existência o louvem.

---

Extraído de *The Treasury of David* (O tesouro de Davi), Salmo 148.

## Minhas reflexões

# Dia 149

## *Salmo* 149

Pois o Senhor tem prazer em seu povo; ele coroa os humildes com vitória. Alegrem-se os fiéis porque ele os honra; cantem de alegria em suas camas. —*Salmo 149:4,5*

---

Nas Escrituras, você descobrirá que as pessoas mais belas eram as pessoas humildes. Lembro-me de somente três pessoas de quem se diz que a face resplandeceu; você se lembra daquelas três, não? Primeiramente, o Senhor Jesus Cristo, cuja face resplandeceu no monte da Transfiguração, e, quando desceu do monte, "a multidão viu Jesus, ficou muito admirada e correu para cumprimentá-lo". Quão manso e humilde de coração Ele era! Outra pessoa cuja face resplandeceu foi Moisés, quando desceu do monte da comunhão com Deus. Acerca dele, lemos: "Ora, Moisés era muito humilde". O terceiro homem cuja face resplandeceu foi Estêvão, quando estava diante do conselho e, da maneira mais humilde, defendeu seu Senhor e Mestre. Caro amigo, para a sua face resplandecer, você precisa se livrar de uma atitude superior e altiva; você precisa ser humilde, porque o brilho da luz divina nunca repousará na testa que reluz ira. Seja humilde, calmo e submisso como o seu Senhor; então, Ele o embelezará.

---

Extraído do sermão *Hallelujah! Hallelujah!* (Aleluia! Aleluia!), pregado no Metropolitan Tabernacle, Newington, em 19 de junho de 1887.

## Minhas reflexões

**Dia 150**

# Salmo 150

Louvado seja o Senhor! Louvem o Senhor em seu santuário, louvem-no em seu majestoso céu! Louvem-no por seus feitos poderosos, louvem sua grandeza sem igual! Tudo que respira louve ao Senhor! Louvado seja o Senhor! —*Salmo 150:1,2,6*

---

Vemo-nos nesses atos de poder. Esses feitos de Sua onipotência sempre estão a favor da verdade e da justiça. Suas obras da criação, providência e redenção exigem louvor; elas são Seus atos, e Seus atos de poder; portanto, seja Deus louvado por esses atos. Louve-o mediante a Sua excelente grandeza. Seu ser é ilimitado e o louvor a Ele deve ser correspondente a isso. Ele possui uma multidão ou plenitude de grandeza e, portanto, deve ser grandemente louvado. Não há nada pequeno em relação a Deus e nada há de grande além dele. Se sempre tivéssemos o cuidado de tornar a nossa adoração adequada e apropriada ao nosso grande Senhor, quão melhor deveríamos cantar! Quão mais reverentemente deveríamos adorar! Tais excelentes atos devem ser louvados com excelência.

---

Extraído de *The Treasury of David* (O tesouro de Davi), Salmo 150.